백제왕조실록 2

성왕~의자왕 편

차례
Contents

일러두기　· 이 책에 표기된 연도 중 기원전이 아닌 연도는 편의상 '서기'를 생략했다.
　　　　　· 이 책의 날짜는 모두 음력이다.

들어가며

　고구려의 압력을 받아내던 백제가 축적해온 힘을 발산시킨 때가 성왕(聖王)의 집권 시기다. 그래서 성왕과 관련된 내용이 중요하고, 양적으로도 풍부하다. 잘 알려져 있지 않지만, 성왕은 이전부터 지속되어온 가야에 대한 통제력 회복을 완성시키려 했다. 이러한 목적에서 추진된 것이 '임나재건'이다.

　그러나 이 조치에는 당사자인 가야는 물론 왜까지 반발했다. 동맹국인 신라 역시 철저한 비협조로 일관했다. 그럼에도 불구하고 성왕은 '임나재건'을 밀어붙였다. 가야 세력은 자기 지역에 들어와 있던 백제의 군령(郡令)·성주(城主)를 철수시켜달라며 저항했지만 성왕은 이마저 거부했다.

견디다 못한 가야 세력은 아라가야(阿羅伽倻)와 일본부(日本府)가 짜고 고구려를 끌어들여 백제를 견제하려 했지만, 이때 백제를 침공해 온 고구려가 패배하며 이 시도 역시 좌절되었다. 백제의 재기가 이전까지 협조해오던 세력과 갈등을 일으키는 계기가 된 셈이고, 이 갈등은 성왕이 '임나재건'을 추진하면서 본격적으로 불거졌던 것이다.

이렇게 가야의 저항을 제압한 성왕은 백제는 물론 가야·왜·신라 등의 협력을 끌어내며 숙원 사업인 한강 지역 탈환에 나섰다. 이 작전은 고구려가 차지하고 있던 한강 지역을 탈환하는 데까지는 일단 성공했다. 그렇지만 한강 하류 지역을 탐낸 신라의 배신으로, 백제는 애써 탈환한 한강 하류 지역을 다시 신라에 빼앗겨버렸다.

빼앗긴 지역을 되찾기 위해 성왕은 일단 외교적인 해결을 도모했다. 그렇지만 신라는 이를 거부했고, 성왕은 결국 대병력을 동원하여 신라 침공에 나섰다. 이 침공으로 대규모 충돌이 일어난 지역이 관산성(管山城)이었다. 초전에 관산성을 함락시키는 기세를 올렸던 백제 측은, 후방에서 전선으로 오던 성왕이 신라군의 매복에 걸려 전사하면서 낭패를 봤다.

백제의 중흥을 이끌던 성왕이 성공을 눈앞에 둔 상황에서 황당할 정도의 이유로 죽어버린 셈이다. 이후 백제 역사의 흐름이 바뀌기 시작했다. 이전까지 고구려와 분쟁에 중점을 두어왔던 백제의 대외 정책이, 신라에 대한 압박에 비중을 두는 방향으로 바뀌었다.

많은 사람들이 성왕의 전사로 백제가 약화되는 길을 걷기 시작했다고 생각하는 경향이 있지만, 사실과 다르다. 성왕이 전사한 이후에도 신라와 분쟁에서 주도권을 가지고 상대를 압박한 쪽은 대부분 백제였다. 이러한 경향은 백제의 마지막 왕인 의자왕(義慈王) 때까지 이어졌다. 이 시기 김춘추(金春秋)가 주변 국가들의 원조를 얻으려고 결사적으로 외교에 집중한 점을 보면, 백제의 압박에 신라가 상당한 위협을 느꼈음을 알 수 있다.

마지막 왕인 의자왕 대까지 백제가 신라를 압박하는 흐름이었음을 확인해주는 셈이다. 그렇지만 일반적으로는 백제의 신라 압박이 일시적인 것으로만 여기는 경향이 있다. 그러다 보니 백제의 마지막 왕으로서 다른 왕들 못지않은 기록과 비중을 가진 의자왕 때의 역사 또한 '망할 수밖에 없었던' 이유를 찾는 데 골몰해왔던 것이 사실이다.

그러나 의자왕 때의 역사를 분석해보면 흔히 알려진 것에 비해 백제가 혼란스러웠다거나 쇠락의 길을 걷고 있었다는 흔적은 나타나지 않는다. 의자왕이 초기의 성공에 자만심이 생겨 독선적인 정국 운영으로 위기를 자초했다는 인식도 사실과 다르다. 신라와 당(唐)나라 연합군의 침공에 백강(白江)과 탄현(炭峴)을 막아야 한다는 충신의 충고를 무시했다는 점을 그 대표 사례로 지목하고 있으나, 적어도 백강에는 백제군이 배치되어 있었음이 분명하게 드러난다.

그럼에도 불구하고 마치 백강 방면이 무방비 상태로 돌파당한 것처럼 묘사된 이유를 뒤집어 볼 필요가 있다. 그만큼 이 시기 기록은 백제를 망할 수밖에 없었던 나라로 몰아가려는 의도가 드러난다고 할 수 있다. 이는 백제 멸망의 원인이 왜곡되어 기록되어 있음을 의미한다.

실제로 수도인 사비(泗沘)가 함락된 것부터가, 전투에서 패배한 때문이 아니라 성 내부에서 일어난 해프닝이 직접적인 원인이었다. 사비가 함락된 이후에도 백제에 남아 있던 세력의 저항으로 백제를 점령한 나당 연합군은 고전했다. 백제 부흥군의 압력을 견디지 못한 당에서 백제 주둔군에 철수를 명했을 정도였다.

그만큼 백제라는 나라의 기반이 튼튼하게 유지되고 있었음을 암시해준다. 그런데 이런 상황에서 백제 부흥군 사이에 내분이 생겼다. 이 여파로 백제 부흥군 지도자 일부가 당에 투항했고, 이로써 국가로서 백제도 소멸했다. 백제 역사의 진정한 종말은 이 시점이라 해야 할 것이다.

제26대 성왕

성왕 즉위 무렵의 국제 정세

무령왕의 아들로 왕위를 이은 성왕(聖王)의 이름은 명농(明襛)이다. 『양서(梁書)』「백제전(百濟傳)」에는 이름이 명(明)이라 적혀 있고, 『일본서기』에는 명왕(明王) 또는 성명왕(聖明王)이라 되어 있다. 성왕은 뛰어난 지혜와 식견에 결단력까지 갖추고 있었다는 평가를 받았다. 성왕이라는 칭호를 얻은 것도 그의 뛰어난 능력을 반영한 것이라 할 수 있다.

성왕이 즉위하면서 이전의 국제관계에는 많은 변화가 일어났다. 이전까지는 신라와 가야가 백제와 협력하여 고구려에 대항하던 상황이었으나, 성왕이 등장할 즈음부터는 우호적으로 지내던 백제와 가야가 분쟁을 벌이기 시작한 것이다. 백제가 고구려에 받았던 타격을 수습하며 어느 정도 세력을 회복하자, 잃어버린 동아시아 남부의 맹주 자리를 찾으려 했던 것이 이유였다. 이 목적을 위해 움직인 백제의 제1차 목표는 이전에 백제 세력권 아래 있던 가야였다.

그렇지만 성왕이 즉위하던 해에도 고구려의 견제는 여전했다. 성왕이 재위에 오른 523년 8월, 고구려 군사가 패수(浿水)까지 진격해 왔다. 이 침공은 성왕의 명령을 받은 좌장(左將) 지충(志忠)이 보병과 기병[步騎] 1만 명을 거느리고 맞아 싸워 격퇴시켰다.

즉위하자마자 전쟁을 치른 성왕은 다음 해인 524년(성왕 2) 양(梁)나라에 사신을 보냈다. 양의 고조(高祖)는 성왕을 '지절(持節) 도독백제제군사(都督百濟諸軍事) 수동장군(綏東將軍) 백제왕(百濟王)'으로 책봉해주었다. 525년(성왕 3) 2월에는 신라와도 서로 사신을 교환[交聘]하며 우호를 다졌다.

526년(성왕 4) 10월에는 웅진성(熊津城)을 수리하고 사정책(沙井柵)을 세웠다. 고구려의 침공에 대비한 조치라 할 수 있었다. 백제 측에서 우려한 대로 3년 뒤인 529년(성왕 7) 10월, 고구려 안장왕(安藏王)이 직접 군대를 이끌고 쳐들어 와서 북쪽 변경의 혈성(穴城)을 함락시켰다. 성왕은 좌평(佐平) 연모(燕謨)에게 3만 명의 보병과 기병[步騎]을 주어 오곡(五谷)의 벌판에서 막아 싸우게 했다. 그러나 백제군은 이 전투에서 패배해 2,000여 명의 전사자를 냈다.

고구려와 분쟁이 치열해지고 있었지만, 성왕은 가야에 대해서도 신경 써야 했다. 이즈음 가야의 맹주로 부각한 아라가야(안라安羅라고도 한다)는 신라·왜와 함께 백제의 대표까지 초청한 국제 규모의 회의를 열었다.

그 목적은 가야 세력의 힘만으로 백제의 압력에서 벗어날 수 없으니, 역으로 백제와 우호관계를 맺고 있는 세력의 지지를 얻어 백제를 견제하고자 한 것이었다. 자연스럽게 백제는 이 회의에서 소외되었다. 이 점은 『일본서기』에 백제의 대표 군윤귀(君尹貴)가 뜰에서 회의에 끼지 못하는 소외감을 표시하는 장면이 나오는 데서 알 수 있다.

아라가야를 중심으로 한 임나(任那)의 노력은 어느 정도 결실을 거두었다. 먼저 왜 측에서 임나의 요청을 받아들여 오미노 게나노 오미(近江毛野臣)라는 인물을 파견했다. 그러나 왜의 조치는 임나에 큰 힘이 되어주지는 못했다. 오미노 게나노 오미라는 인물의 파견 목적과 활동에 관해서는 설이 엇갈리고 있지만, 당시 왜의 비중이나 그의 행적을 보아 임나를 둘러싼 상황에 그리 대단한 영향을 줄 만한 힘은 없었다고 봐야 한다.

『일본서기(日本書紀)』에는 오미노 게나노 오미가 6만 병력을 이끌고 왔다고 되어 있지만, 그는 신라의 3,000명 병력을 보고 임나의 기질기리성(己𣇎己利城)으로 들어가 농성했다. 이런 행태를 보면 그가 데려왔다는 병력에 과장이 있음이 분명하다. 오미노 게나노 오미가 사람을 마음대로 죽이고 괴롭힐 만큼 막강한 권력을 가지고 있었던 것처럼 써놓은 기록도 있지만 임나 측에서 소환을 요구하는 것을 보면 이것 역시 과장이다.

임나가 오미노 게나노 오미와 병력의 파견을 요청한 것은, 왜군의 직접 개입에 의한 해결보다 외교적 시위 효과 정도를 기대했기 때문이라고 봐야 할 것이다. 그러나 백제와 신라 어느 쪽도 이를 용납하지 않았다. 오미노 게나노 오미가 어떤 일을 하고 다녔는지 구체적인 기록이 남아 있지 않지만, 백제와 신라가 군대를 동원하여 체포하려들었던 것을 보면 백제와 신라를 자극하고 다닌 듯하다.

신라와는 직접 충돌까지 빚었다. 쫓겨 다니던 오미노 게나노 오미는 임나의 기질기리성에서 농성에 들어갔다. 신라군이 오미노 게나노 오미를 추격하는 과정에서 임나의 촌락이 피해를 보았다. 『일본서기』에 따르면 금관(金官)·배벌(背伐)·안다(安多)·위타(委陀) 4개의 촌락(또는 다다라多多羅·수나라須那羅·화다和多·비지費智라는 4개 촌락이라고도 한다)이 신라군의 노략질을 당했다고 하며, 이것은 오미노 게나노 오미의 책임이라고 비난하는 말이 인용되어 있다.

결국 오미노 게나노 오미는 임나가 원하는 목적인 백제나 신라 견제에서는 별다른 역할을 못 하면서, 백성들에게 민폐나 끼치기 일쑤였다. 그러자 임나의 입장도 곤란해졌다. 임나 측은 결국 오미노 게나노 오미의 철수를 요구했다. 그렇지만 오미노 게나노 오미는 임무를 수행하지 못한 채 귀국할 경우의 책임이 두려웠던 듯 철수를 거부했다. 그러자 임나는 백제군과 신라군의 투입을 허용했다.

이때 투입된 백제군과 신라군은 오미노 게나노 오미를 잡는 대신 구례모라성(久禮牟羅城)을 쌓았으며, 돌아가는 길에 등리지모라(騰利枳牟羅)·포나모라(布那牟羅)·모자지모라(牟雌枳牟羅)·아부라(阿夫羅)·구지파다지(久知波多枳) 5개 성을 격파했다고 한다. 임무는 수행하지 못하면서 말썽만 일으키자 왜에서 오미노 게나노 오미를 본국으로 소환하고 말았다. 이것으로도 임나가 타격을 받은 셈이지만, 성왕은 이 정도로 만족하지 않았다.

531년(성왕 10) 7월 초하루 갑진(甲辰)에 별이 비 오듯이 떨어졌다. 이런 이야기를 기록한 뒤에는 대개 정치적 격변을 보여주는 경우가 많다. 이 시기도 예외는 아니다. 아라가야의 활동에 자극받은 성왕은 531년, 군대를 동원하여 아라가

야를 침공했다. 신라와 왜는 백제의 행동이 못마땅했겠지만
별다른 조치를 취하지 않았다. 아라가야의 저항을 꺾는 데까
지는 성공했으나 이후 사태는 백제에 곤란하게 번졌다.

백제군이 아라가야에 진주한 바로 다음 해인 532년(성왕
11)에, 신라의 무력시위와 백제의 압력 사이에서 고민하던
금관가야(金官伽倻) 왕 구형왕(仇衡王)이 신라에 귀순해버렸
다. 뒤를 이어 탁기탄(喙己呑)·탁순(卓淳) 같은 나라들도 신라
에 투항했다. 그리고 이해 5월, 『일본서기』에는 백제에서 하
부(下部) 수덕(脩德) 적덕손(嫡德孫)과 상부(上部) 도덕(都德)
기주기루(己州己婁) 등을 보내 늘 하던 대로 조(調)를 바치고,
따로 표(表)도 올렸다고 되어 있다.

'임나재건'의 시작

금관가야 같은 나라들이 신라로 투항하는 사태를 두고 백
제가 그냥 넘어갈 리 만무했다. 그렇지만 백제가 곧바로 조
치를 취했다는 기록은 나타나지 않는다. 당장 이어지는 기록
은 중국 양나라와 관계를 다지고 수도를 옮기는 내용이다.

534년(성왕 12) 3월, 백제에서는 양나라에 조공 사절을 보
냈다. 4월 정묘(丁卯)에는 형혹(熒惑: 화성)이 남두(南斗)를 침

범하는 일이 있었다. 그리고 538년(성왕 16) 봄에 수도[都]를 사비(泗沘: "다른 이름은 소부리所夫里였다"라는 설명이 붙어 있다)로 옮기고, 국호를 남부여(南扶餘)라 고쳤다.

이렇게 수도를 옮기며 국내를 정비한 다음인 540년(성왕 18) 2월, 『일본서기』에는 다소 뜬금없는 내용이 나온다. "백제인 기지부(己知部)가 귀화했다"는 것이다. 왜에서는 그를 야마토노쿠니(倭國) 소후노카미노코오리(添上郡)의 야마무라(山村)에 살게 했고, 그가 산촌기지부(山村己知部)의 조상이라고 소개해놓았다. 8월에는 "고구려·백제·신라·임나가 함께 사신을 보내고, 아울러 공물을 바쳤다"는 기록도 나오지만, 이 역시 황국사관(皇國史觀)식 논리에 맞추어 왜곡해놓은 내용이라 하겠다.

이해 9월에는 성왕이 장군 연회(燕會)에게 고구려의 우산성(牛山城)을 공격하도록 한 일이 있었다. 그러나 전과를 거두지는 못했다. 그럼에도 성왕은 이 직후 임나 문제에 본격적으로 나섰다. 이때 성왕이 내놓은 대책이 바로 '임나재건(任那再建)'이다. 임나부흥이라는 식으로도 썼던 이 계획의 표면적인 명분은 임나를 강력하게 재편하자는 것이다.

글자 그대로만 곧이곧대로 해석하면 임나에 나쁠 것 없는 일로 보인다. 하지만 당사자인 임나는 이후 이 계획에 반발했다. 이로 보아 액면 그대로 받아들일 수 없는 뭔가가 배경에 있었다는 이야기다.

그렇기 때문에 이 계획의 실체에 대해 논란이 있다. 임나를 재건하라는 천황의 명령을 성왕이 수행했다는 황국사관식 학설과, 몇 년 전 신라에 흡수되었던 금관가야 등을 원상회복시키려는 것이 목적이었다는 주장이 일반적으로 알려져 있는 것들이다. 그런데 이런 식의 해석으로는 사태의 흐름을 일관성 있게 이해하기가 어렵다. 이를 확인하기 위해 임나재건이라는 정책이 추진되는 과정부터 살펴본다.

541년(성왕 19) 4월, 아라가야와 대가야(大伽倻) 등 가야의 사신들이 성왕의 소환을 받고 백제 수도 사비에 모였다. 여기에는 일본부의 기비노오미(吉備臣)도 끼어 있었다. 『일본서기』에는 이 상황을 두고 기비노오미가 임나의 사신들과 함께 백제에 가서 "조칙(詔勅: 황제가 내리는 명령. 여기서는 천황의 명령)을 들었다"는 식으로 써놓았다. 그리고 성왕은 "천황에게 임나를 재건하라고 명 받았으니, 이를 충실하게 받들어야 한다"고 했다고 되어 있다.

물론 이 내용을 사실이라고 여기는 것은 황국사관으로 오염된 역사를 받아들이겠다는 뜻밖에 되지 않는다. 그렇기 때문에 『일본서기』의 내용은 글자 그대로 받아들이기보다 황국사관과 관계없는 사실을 중심으로 다시 엮어야 한다. 그런 차원에서 일단 기록에 나온 상황부터 찬찬히 살펴보자.

성왕의 말에 임나 한기(旱岐: 임나에 파견된 가야의 대표자)들은 "전에도 두세 번 신라와 의논해봤지만, 답을 들을 수 없었고 앞으로도 마찬가지일 것"이라고 했다. 이어 "임나를 재건하는 일은 대왕[성왕]의 뜻에 달려 있는데 누가 감히 반대하겠습니까"라면서도 "임나의 경계가 신라와 접해 있어서 탁순 등과 같은 화를 입을까 두렵습니다"라는 말을 덧붙였다.

이 내용으로 보아 성왕은 이전에도 임나재건의 뜻을 임나 측에 밝혔고, 이를 신라와 의논하라는 뜻까지 전달했음을 알 수 있다. 임나는 성왕의 뜻에 반대하지 않는 척하면서도, 지나치게 압력을 넣으면 탁순처럼 신라에 투항하는 가야국이 나타날 수 있음을 암시하여 사실상 백제 측에 협박을 한 것이다.

그러자 성왕은 말을 돌렸다. 근초고왕(近肖古王)·근구수왕(近仇首王) 때 백제와 가야가 형제나 부자같이 좋은 관계를 맺어왔는데, 오늘날 왜 이렇게 되었는지 모르겠다는 한탄부터 시작했다. 신라에 속아 왜와 임나와 사이가 틀어지게 만든 것이 자신의 탓이라는 것이다. 그렇지만 자신은 이를 뉘우치고 하부(下部) 중좌평(中佐平) 마로(麻鹵), 성방(城方) 갑배매노(甲背昧奴) 등을 가라에 파견했고, 그리하여 임나의 일본부에 모여 맹세하게 했으며, 이럴 정도로 임나재건을 잊은 적이 없었다고 했다. 임나는 언제든지 신라에 투항해버릴 수 있었기 때문에 성왕도 심한 압력을 넣을 수는 없었던 것 같다.

그래서 좋은 말로 서두를 시작하기는 했지만, 여기까지는 인사치레였을 뿐이고 성왕이 하고 싶은 말은 이 다음부터였다. 신라의 의사를 묻되, 만약 신라와 협상이 잘못되어 신라가 임나를 침공하는 사태가 벌어지면 백제가 구원해주겠다는 의사를 밝혔다. 그러면서도 임나 자체가 신라를 경계해야 한다는 말을 덧붙였다.

임나 측에서 "탁순 등과 같은 화를 입을까 두렵다"고 했으나, 성왕은 신라가 강해서가 아니라 모두 내부에 문제가 있었기 때문이라고 말했다. 옛적에 신라가 고구려의 도움을 받아 임나와 백제를 공략했을 때도 실패했으니, 혼자서 임나를 멸망시킬 수 있겠느냐고 반문했다. 그러니 진심으로 협력하면 "임나는 반드시 일어날 것"이라고 결론지었다. 그리고 대표단에게 차등을 두어 선물을 나누어주자 임나의 대표단은 기뻐하며 돌아갔다고 한다.

임나의 저항과 성왕의 대응

그렇지만 선물을 받고 기뻐한 것은 그 자리에서였을 뿐 임나의 내심은 그렇지 않았다. 그 점은 곧 드러났다. 이해

541년 7월 백제 측에 아라가야의 일본부[安羅日本府]가 신라와 음모를 꾸민다는 정보가 들어왔다. 그러자 성왕은 전부(前部) 나솔(奈率) 비리막고(鼻利莫古), 나솔 선문(宣文), 중부(中部) 나솔 목리미순(木刕眯淳), 기신(紀臣) 나솔(奈率) 미마사(彌麻沙) 등을 아라가야로 파견했다. 『일본서기』에는 이때 성왕이 신라에 갔던 임나의 요원을 불러 임나재건 문제를 의논한 것으로 기록되어 있으나, 실질적으로는 신라와 임나의 협력을 견제하기 위한 것으로 여겨진다. 그러면서 일본부의 가와치노아타이(河內直)가 신라와 음모를 꾸몄다고 심하게 비난했다.

『일본서기』에서는 이때 파견한 인물 중, 기신 나솔을 지목하여 아마도 기신(紀臣: 기노오미)이라는 성을 가진 사람이 한(韓)의 여자를 얻어 낳았을 것이라고 추측한다. 이렇게 태어나서 백제에서 살다가 "나솔이 된 사람"이라고 파악한 것이다. 그래서 왜 측에서는 기신 나솔 미마사의 아버지는 알 수 없는 상태고, 다른 사람의 사정도 비슷하다고 여겼다. 백제의 역사서인 『백제본기(百濟本記)』에는 가불지비직(加不至費直)·아현이나사(阿賢移那斯)·좌로마도(佐魯麻都) 등을 파견했다고 되어 있음을 밝히고 있다. 그럼에도 불구하고 정확히 누가 파견되었는지에 대해서는 "잘 알 수 없다"고 해놓았다.

어쨌든 이때도 성왕은 임나 측에 근초고왕·근구수왕 때

의 인연을 강조하면서, "신라에 빼앗긴 남가라(南加羅: 금관가야)와 탁기탄(喙己呑) 등을 본래대로 임나에 소속시키자"라는 희망을 내보였다. 여기에 "먹어도 맛을 모르겠고, 자도 자리가 편안치 못하다"라는 개인적 하소연을 덧붙였다. 그리고 내심 하고 싶었던 말을 꺼냈다.

지난날의 교훈을 되살려야 한다는 원론적인 이야기로 말을 꺼낸 성왕은 "신라의 감언이설은 천하가 다 아는 바인데, 그대들이 경솔하게 믿었다가 속은 바 있다"며 인접해 있는 신라를 경계하여야 한다는 점을 강조했다. 임나가 신라의 속임수에 걸려들 것이 "걱정되어 편안히 지낼 수 없다"며 "임나와 신라가 계책을 꾸미는 자리에 벌과 뱀이 나오는 불길한 징조"가 바로 하늘이 보내는 경고이니, 후회할 짓을 하지 말라고 타일렀다. 성왕이 내린 결론은 '자신을 따르면 영토와 백성을 유지할 수 있으니 신중하게 생각하라'는 것이었다.

이렇게 임나 요원들에게는 타이르는 말투로 가던 성왕이 일본부에 대해서는 강경한 태도를 보였다. 성왕은 임나의 일본부에 "임나가 멸망하면 너희는 의지할 데가 없어질 것이고, 일어나면 너희는 도움을 받게 될 것이다. 당연히 임나를 일으켜 옛날처럼 도움을 받으며 백성을 기르도록 하라"고 했다. 이렇게 말하며 천황의 명령을 팔아 임나를 일으켜야 포상을 받게 될 것이라고 했다. 하지만 이 역시 『일본서기』

의 상투적인 왜곡을 감안해야 한다.

어쨌든 이렇게 원론으로 말을 꺼낸 성왕은 "일본부의 경(卿) 등은 오랫동안 임나국에 머물러 있었고, 가까운 신라의 정세 역시 알 것"이라면서 포문을 열었다. "신라가 임나를 해치고 일본(『일본서기』에는 이처럼 일본이라는 국호를 쓰기 전임에도 왜를 일본이라 쓴 부분이 꽤 나온다)을 막으려고 하는 것이 하루 이틀이 아니다. 그럼에도 불구하고 감히 실행에 옮기지 못하는 것은 백제가 있기 때문이다. 신라가 왜나 임나와 잘 지내는 척하는 것은 틈을 보아 임나를 정복하고자 하는 것일 뿐 진심이 아니다. 그렇기 때문에 남가라, 탁기탄을 원상회복시키자는 제안을 묵살하고 있다. 이 점은 경들도 아는 바이다. 신라가 협력하려 한다면 이럴 리가 없지 않은가. 경들이 번번이 신라의 달콤한 말에 속아서 임나가 멸망하고 천황을 욕되게 할까 우려된다. 그러니 속지 말라"는 것이 성왕의 뜻이었다.

그리고 성왕은 곧바로 기신 나솔 미마사, 중부 나솔 기련(己連)을 왜에 파견하여 임나 관련 문제를 논의했다. 『일본서기』에는 백제에서 이들을 왜에 파견하여 "한(韓)의 아래 지역과 임나의 사정을 아뢰고, 아울러 표(表)를 올렸다"라고 해놓았다.

한편 이해 541년에 성왕은 양나라에 조공 사절을 보내며 모시박사(毛詩博士: 『시경詩經』에 정통한 학자. 모시는 『시경』의 다른 이름)와 열반(涅槃: 불교에서 말하는 완성된 깨달음의 세계, 여기서는 경전 이름 『열반경』) 등의 경의(經義: 경전經典) 및 공장(工匠: 전근대사회에서 각종 수공업에 종사한 장인)과 화사(畫師: 불교 승려의 신분으로 회화 작업에 종사한 사람) 등을 파견해달라고 요청했다. 양나라는 백제의 요청을 받아들였다.

백제의 군령·성주를 둘러싼 갈등

『일본서기』에 의하면 541년 7월에 파견되었던 백제의 기신 나솔 미마사 등이 543년(성왕 21) 4월이 되어서야 물러갔다고 한다. 그렇지만 백제는 먼저 보낸 사신들이 물러났다고 포기하지 않았다. 이해 9월, 성왕은 전부(前部) 나솔 진모귀문(眞牟貴文), 호덕(護德) 기주기루(己州己婁)와 물부(物部) 시덕(施德) 마기모(麻奇牟) 등을 왜로 파견하여, 부남(扶南: 1~2세기 무렵 크메르족이 타이와 크메르에 세웠던 나라)의 재물과 남자 노예[奴] 2명을 보냈다.

성왕이 활발하게 움직이자 왜에서도 이해 11월, 쓰모리노무라지(津守連)를 백제에 파견했다. "임나의 하한(下韓)에 있는 백제의 군령(郡令)과 성주(城主)는 일본부에 귀속시키자"

는 역제안을 하기 위해서였다. 이로 보아 백제에서 파견된 군령·성주가 임나의 요소요소에 배치되어, 가야인들의 움직임을 파악하고 보고하는 임무를 맡고 있었던 것 같다.

쓰모리노무라지는 군령·성주 문제를 꺼내면서, 임나를 세우겠다고 말한 지 10여 년이 되었지만 아직도 이루지 못했다는 점을 꼬집었다. 임나는 백제의 대들보인데 이것이 부러질까 걱정된다면서, 빨리 임나를 세운다면 가와치노아타이 등은 자연스럽게 물러날 것이니, 언급할 필요도 없게 된다고 했다. 이러한 제안을 받은 성왕이 신하들과 의논하자, 백제 대신들은 우리 군령과 성주는 철수시킬 수 없다는 결론을 내렸다. 단지 임나재건을 서두르자는 점만 확인했다.

이 문제는 12월에도 다시 불거졌다. 성왕은 이 문제를 두고 다시 신하들과 논의했다. 상좌평(上佐平) 사택기루(沙宅己婁), 중좌평(中佐平) 목리마나(木刕麻那), 하좌평(下佐平) 목윤귀(木尹貴), 덕솔(德率) 비리막고(鼻利莫古), 덕솔 동성도천(東城道天), 덕솔 목리미순(木刕昧淳), 덕솔 국수다(國雖多), 나솔 연비선나(燕比善那) 등이 이 회의에 참여했다 한다. 여기서 나온 대책은 '임나재건은 서둘러야 하며, 그러기 위해 임나의 집사(執事: 임나의 일을 맡아보던 요원)와 각국의 한기들을 소집하고 가와치노아타이·에나시(移那斯)·마투(麻都) 등이 여전히 아라가야에 있게 되면 일이 어려워지니 본국으로 소환을 요구해야 한다'는 것이었다. 성왕은 이 대책에 만족을 표시했다.

그래서 이해 12월, 백제 측에서는 시덕(施德) 고분(高分)을 보내 임나의 집사와 일본부의 집사를 불렀다. 그렇지만 임나와 일본부의 집사들은 정월 초하루를 지내고 가겠다며 소환에 응하지 않았다. 그러자 백제는 다음 해인 544년(성왕 22) 정월 또다시 임나와 일본부의 집사들을 소환하기 위해 사신을 보냈다. 그렇지만 이번에도 이들은 제사 지낼 때가 되어 이를 마치고 가겠다는 핑계를 대며 소환을 거부했다.

사태가 심상치 않음을 느낀 백제는 같은 달 또 사신을 보내어 임나의 집사와 일본부의 집사를 불렀다. 더 이상 백제의 요구를 거부하지 못한 임나와 일본부에서는 집사를 보내지 않고, 지위가 낮은 사람을 보내는 수법으로 임나재건을 위한 논의를 회피했다.

임나의 의사가 확인된 셈이었지만 성왕은 여기서 그치지 않고 다음 달인 2월, 시덕 자리에 있는 마무(馬武), 고분옥(高分屋), 사나노차주(斯那奴次酒) 등을 또다시 임나에 보냈다. 그리하여 임나를 재건하기 위해 사신을 세 번이나 보냈는데 아직도 오지 않는 사태에 대해 일본부와 임나의 한기 등을 질책했다.

그리고 조만간 사신을 보내라는 요구를 덧붙였다. 군량을 운반해야 하는데, 군사의 숫자와 운반해야 할 곳을 혼자 결정하기 어렵다는 점을 사신이 파견되어야 할 명분으로 삼았다. 이런 문제가 걸려 있는데도 임나와 일본부의 요인들이 오지 않아 의논할 수 없다는 것이다. 『일본서기』에는 성왕이 "그래도 사신을 보내지 않으면 3월 10일 일본에 사자를 보낼 것이고, 이 사자가 도달하면 천황은 그대들을 문책할 것이다. 그러니 일본부의 경과 임나 한기 들은 각기 사자를 보내어 내가 보내는 사자와 함께 천황이 베푸는 조서를 들으라"고 했다 한다.

이와 함께 가와치노아타이 등에게는 "선조 때부터 못된 짓만 해왔다"며, 이들 때문에 임나가 피해를 본다고 몰아붙였다. 그러고 난 다음 선조들에게 했던 것처럼 본국으로 소환시키겠다고 위협했다.

그러자 일본부 측에서 임나의 집사는 "우리가 보내지 않았기 때문"이며, 자신들 역시 천황에게 "따로 신라와 백제에 사신을 파견할 것이라 일본부 단독으로 갈 필요 없다"는 지시를 받았기 때문이라고 변명했다. 천황의 명령도 "신라에 가서 들으라"고 했을 뿐 백제에 가라는 명령은 없었다는 것이다. 신라에 파견된 쓰모리노무라지 또한 자신의 임무는 "하한(下韓)에 있는 백제의 군령·성주를 내보내려는 것뿐"이라고 했다는 것이다. 그러니 임나 측을 너무 몰아붙이지 말라는 투였다.

임나의 한기들 역시 일본부와 입을 맞춰 "사신을 부를 때 곧 가려고 했으나, 일본부의 경이 가지 말라고 해서 못 갔다"고 변명했다. 성왕이 "임나를 세우려고 자세한 것까지 지시하시니 기쁘다"라고 했다는 말이 붙어 있으나, 임나 측의 진심이 아닌 입에 발린 말임은 분명하다.

진척 없는 협상

이렇게 일본부와 임나가 서로 비호하며 비협조적으로 나오자 성왕은 544년(성왕 22) 3월, 나솔 아탁득문(阿乇得文)·허세(許勢) 나솔 기마(奇麻)·물부(物部) 나솔 기비(奇非) 등을 왜로 파견했다. 이 사신들은 성왕의 뜻을 왜에 전했다.

이때 전달된 내용은 "신라에 속지 않고 임나재건을 서두르기 위해 일본부와 협조해야 한다는 뜻을 밝히고 임나와 일본부의 사신단을 불렀으나 이 핑계 저 핑계 대며 오지 않는다. 나중에 사신을 보내왔지만 결정권도 없는 미천한 자들을 보내는 바람에 일을 진척시킬 수 없다. 일이 이렇게 되고 있는 것은 일본부 요원들이 농간을 부리고 있기 때문이다. 우리 백제가 임나를 구원하는 데 힘쓰고 있는데도, 마치

자기들이 신라와 타협을 통해 임나의 안전을 지켜주고 있는 것처럼 거짓 보고를 올리고 있다. 임나가 멸망하면 백제가 곤란해지니 이들을 소환해달라”는 것이었다. 여기에 금관가야나 탁순·탁기탄 등이 망한 것이 내부에서 신라에 내응하는 세력이 있었기 때문이라는 말도 덧붙여놓았다.

성왕이 보낸 백제 사신들은 10월에 돌아왔지만 왜로부터 아무런 대답도 듣지 못했다. 그러자 다음 달인 11월, 백제 측에서는 또 사신을 보내어 일본부 요원과 임나 집사를 불렀다. “이제 함께 임나의 문제를 논의해야 할 때”라는 것이다.

마지못해 일본부 요원과 임나 집사 등이 사비에 모이자 성왕은 “왜에서도 임나를 세우는 일에 동의했으니, 좋은 방법이 있으면 말해보라”고 했다. 일본부의 기비노오미와 임나 한기 등은 좋은 대책을 내놓는 대신 성왕에게 “왕의 뜻을 따르고자 한다”고 대답했다.

그러자 성왕은 슬쩍 말을 돌리며 백제와 임나의 우호관계를 강조하는 말부터 꺼냈다. “임나는 우리 백제와 예로부터 아들이나 동생 같은 관계로 지내기를 약속한 바 있다. 일본부의 이키미(印支彌)가 신라의 거짓말에 놀아나고 있는데, 임나에 해로운 일이나 하라고 파견된 것이 아니지 않은가? 예로부터 신라는 무도했으며 신의를 지키지 않아 탁순을 멸망시켰다. 나는 이전의 상황을 회복하여 임나의 나라들과 형제처럼 지내기를 바란다"라고 한 것이다.

그리고 곧바로 세 가지 대책을 제시했다. "신라와 아라가야 사이에 큰 강이 있어 적을 방비하기 좋은 곳이라 하여, 신라인들이 침투하지 못하도록 했다. 그런데 구례산(久禮山)의 다섯 성(城)이 무기를 버리고 항복했다니 걱정이다. 이에 대한 대책으로 내가 요청한 병사에게는 옷과 식량을 지급할 것이다"라는 것이 성왕이 제시한 첫 번째 대응책이다. 그리고 "남한(南韓)에 군령과 성주를 두는 것은 천황에게 가는 조공 길을 끊자는 것이 아니라, 강적 고구려에 대항하고 신라를 견제하고자 하는 것"이라 하며 이것이 두 번째 계책이라고 밝혔다는 것이 『일본서기』의 기록이다. 마지막으로 임나 재건에 방해가 되는 기비노오미·가와치노아타이·에나시·마투 4명을 본국으로 소환시켜야 한다고 했다.

성왕이 이렇게 나오자 기비노오미와 임나 한기 등은 성왕의 대책에 동의한다면서도 시간을 끌었다. 중요한 일이니 신중하게 처리해야 한다며 임나에 있는 일본부의 대신(大臣), 안라 왕·가라 왕, 그리고 천황에게 보고해야 한다고 해버린 것이다. 그러면서 회의도 끝을 맺었다.

다음 해인 545년(성왕 23) 3월, 왜에서는 가시하데노오미(膳臣)·하태비(巴提便)를 백제에 사신으로 보냈다. 이에 답하여 5월에는 백제가 나솔 기릉(其㥄)·나솔 용기다(用奇多)·시덕 차주(次酒) 등을 왜에 파견했다. 백제는 뒤이어 9월에 중부(中部) 호덕(護德) 보제(菩堤) 등을 임나에 사신으로 보냈다. 이때 오(吳)나라의 물건을 일본부의 요원과 여러 한기에게 차이를 두어 나눠주었다고 한다.

이달에 백제에서 장육불상(丈六佛像)을 만들어 원문(願文: 신불에게 바라는 바를 적은 기원문)을 지었다.『일본서기』에는 이 글에 "장육불(丈六佛)을 만들면 공덕(功德)이 매우 크다고 하니, 천황께서도 덕을 얻어 다스리는 땅이 모두 복 받기를 바란다. 또한 하늘 아래 모든 중생들이 해탈하기를 원한다"는 내용의 글이 들어가 있다고 했다. 이 내용 역시 천황을 띄우는『일본서기』의 버릇이 반영되어 있다고 본다.

그런데 바로 다음 기록에는 조금 황당한 이야기가 보태져 있다. 11월 가시하데노오미와 하태비가 백제로부터 돌아와 보고한 내용이다. 그가 백제에 사신으로 파견된 다음 그의 처자도 뒤따라 백제의 바닷가에 도착했는데, 아이가 홀연히 사라졌다는 것이다. 마침 그날 밤 큰 눈이 내려 새벽녘에서야 찾아 나서니 호랑이 발자국이 찍혀 있었다. 이에 칼을 차고 갑옷을 입고 찾아 나서, 그 호랑이의 혀를 잡고 찔러 죽인 다음 가죽을 벗겨 가지고 돌아왔다고 한다.

또 백제 역사서『백제본기』를 인용하여 고구려에서 일어난 사건을 적어놓았다. 이해 고구려의 세군(細群)과 추군(麤

群)이 왕궁 문에서 싸워 세군이 패했다. 그러고도 군사를 해산하지 않고 사흘이 지나자 세군의 자손을 모두 죽였다는 것이다. 그리고 안원왕(安原王)을 의미하는 것으로 보이는 "향강상왕(香岡上王)이 죽었다"는 기록을 남겨놓았다.

546년(성왕 24) 정월 초하루, 백제의 사신 중부 나솔 기련 등이 돌아갔다. 왜 측에서는 이들에게 좋은 말 70필과 배 10척을 내려주었다고 한다. 6월에는 백제에서 중부 나솔 약엽례(掠葉禮) 등을 보냈다.

이해에도 백제 역사서 『백제본기』를 인용한 고구려의 상황이 적혀 있다. 그런데 내용은 지난해의 것과 매우 비슷하다. 고구려 왕에게 세 부인이 있었는데 정부인(正夫人)은 아들이 없어 정월 병오(丙午)에 나이가 8세밖에 안 되는 중부인(中夫人)의 아들을 왕으로 세웠다. 그의 외할아버지가 추군이었다. 세 번째 부인인 소부인(小夫人)도 아들을 낳았는데 그의 외할아버지는 세군이었다. 고구려 왕의 병이 심해지자 자기 아들을 즉위시키고자 하다가 싸움이 붙어 "세군 측에서 2,000여 명이 죽었다"라고 되어 있다.

547년(성왕 25) 봄 정월 초하루 기해(己亥)에 일식이 있었다. 그리고 이해 4월, 백제에서 전부(前部) 덕솔 진모선문(眞慕宣文)·나솔 기마(奇麻) 등을 왜에 파견했다. 『일본서기』에는 "구원병을 청했다"고 되어 있지만, 정황을 보면 한강 지역을 되찾는 사업에 왜병을 동원하려 했던 것 같다. 그리고 하부(下部)의 동성자언(東城子言)을 보내어 덕솔 문휴마나(汶休麻那)와 교대해주었다.

임나재건은 무엇이었을까?

성왕이 임나재건에 관해 논의하는 과정은 이와 같았다. 그런데 이 내용이 기록되어 있는 것이 하필 『일본서기』다. 잘 알려져 있다시피 『일본서기』는 왜곡이 매우 심한 역사서이기 때문에, 여기 나온 내용을 액면 그대로 해석해서는 『일본서기』 편찬자들이 의도한 황국사관을 전염시키기 십상이다. 더욱이 이런 왜곡과 조작 때문에 '임나재건'이라는 것의 실체를 확인하기 곤란하게 된 측면도 있다. 이 때문에 다른 부분과는 달리 임나재건과 관련된 『일본서기』 기록의 문제점은 무엇인지를 언급하고, 겸하여 임나재건의 실체를 밝혀볼 필요가 있다.

앞서 서술했던 임나재건 과정을 보면 성왕이 천황의 명령을 수행했다고 보기는 곤란하다. 이 사안의 주도권이 완전히 성왕에게 있는 양상이 뚜렷하기 때문이다. 무엇보다 일본부 요원들조차 자신들의 직속상관이어야 할 천황이 아니라, 성왕에게 지시를 받고 있는 것이다.

그리고 의미심장한 구절이 있다. "기비노오미가 임나의 사신들과 함께 백제에 가서 함께 조칙(詔勅)을 들었다"는 부분이다. 여기서 조칙은 천황이 내리는 명령을 의미한다. 그러니 천황에게 소속되어 있는 것으로 설정된 일본부 요인은 당연히 천황이 내리는 명령을 직접 받아야 하지, 이를 자신의 상관도 아닌 성왕에게 가서 얻어들을 이유가 없는 것이다.

그래서 이 상황을 뒤집어 보면 의미심장하다. 황국사관에 입각하여 쓰인 『일본서기』에서 성왕이 주도적으로 명을 내리는 상황은 용납할 수 없기에, 이 내용은 조작해 넣은 흔적으로 볼 수 있다. 그렇다면 임나재건은 가야의 대표단인 임나 한기들과 기비노오미 같은 일본부 요원을 성왕이 사비로 소환하면서 시작되었다고 봐야 할 것이다.

비슷한 상황은 백제 측에서 지속적으로 일본부 요원의 본국 송환을 요구하는 데서도 나타난다. 실제로 천황이 임나재건을 명령했다면, 그 명령을 받는 입장에 있던 백제가 천황 직속인 일본부 요원을 구박한다거나 이들의 소환을 요구하는 상황이 벌어질 리 없다. 결국 이는 성왕이 천황의 명령을 충실히 수행한 것이 아니라 자신의 구상을 왜에 강요한 상황을 『일본서기』에서 왜곡하면서 생겨난 현상이라고 봐야 할 것이다.

이렇게 보면 성왕이 왜 하필 '임나를 재건하자'는 것을 명분으로 삼았는지 쉽게 짐작할 수 있다. 임나 소속국들이 서로 협조한다 해도 독립국가들의 연맹체라는 것이 일사불란하기는 어려웠다. 그렇기 때문에 힘을 모으기 위한 체제를 강화하자는 것이 표면적으로는 명분이 될 수 있었다.

성왕은 여기에 신라로 투항한 금관가야·탁순·탁기탄 등도 원래대로 돌리겠다는 희망까지 추가했다. 이 때문에 금관가야·탁기탄 등을 원상회복시키는 것이 임나재건이었다는 해석도 나온다.

그렇지만 성왕이 이를 임나재건의 목적으로 삼았을 리는 없다. 그랬다면 서로 원해서 통합한 신라와 금관가야 등에 대해 다시 갈라서라는 간섭을 하겠다고 선언한 꼴이 된다. 이런 내정간섭을 신라와 신라에 투항한 나라들이 받아들일 리 없다. 이는 협상의 대상조차 되지 않는 것이며, 상황에 따라서는 선전포고로까지 받아들일 수 있는 내용이다. 당사자들이 그렇게 받아들일 내용을 밀어붙인다면 신라는 물론 투항한 나라들의 저항을 각오하지 않으면 안 된다. 당시 고구려와 대립을 우선 염두에 두었던 백제로서는, 신라와 협조관계를 깨고 임나와도 충돌할 일을 대놓고 추진할 처지가 아니었다.

사실 명분은 어디까지나 명분에 불과했다. 임나의 결속력을 강화하는 데 백제가 그렇게까지 적극 나선 것 자체가 다른 의도가 있었다는 점을 암시해준다. 그것은 걸핏하면 근초고왕·근구수왕을 들먹이는 성왕의 태도에서 엿볼 수 있다. 성왕이 자꾸 그때의 관계가 좋았던 것처럼 몰아가는 것은, 결국 당시 체제에 미련이 있다는 뜻이 된다.

그러면 일단 임나의 결속력이 강화될 수 있다. 그러나 이는 사실상 백제의 통제를 전제한 것이다. 그렇다면 '임나재건'이란 임나에 속한 나라들을 재건해주겠다는 것이 아니라, 백제가 임나를 통제하던 근초고왕 대의 형태로 되돌리겠다는 뜻이 된다.

금관가야 등을 임나에 다시 소속시키겠다는 것 또한 임나가 강화되면 그렇게 해보겠다는 정도의 선언적 의미에 불과하며, 여기에도 상황을 제멋대로 해석하는 『일본서기』의 영향이 있다고 봐야 한다. 이렇게 보면 당사자인 임나 소속국들보다 백제가 이 계획에 적극 나섰던 상황이 더 쉽게 이해될 것이다.

이런 의도를 가진 백제가 신라까지 참여시키려 한 이유 역시 짐작해볼 수 있다. 근초고왕 주도 아래 임나를 만들 때는 백제가 신라의 기득권을 빼앗아 가야와 왜에 이권을 보장해주는 체제였다. 그래서 신라의 반발을 살 수밖에 없었다. 신라가 고구려에 접근하지 않을 수 없었던 것은 이 때문이다.

그러나 6세기인 성왕 대에는 사정이 다르다. 신라도 백제와 함께 고구려와 대립하는 상황이었으므로 굳이 신라를 소외시킬 필요가 없다. 이런 계산에서 성왕은 일단 신라의 의사를 타진해본 것이다. 그러면서도 백제가 직접 나서서 신라와 접촉하지 않고 임나를 내세웠다. 임나의 대표자들인 임나 한기들에게 신라의 의사를 타진하도록 지시하여, 임나재건은 임나의 뜻이라는 점을 내세우고 싶었던 것 같다. 이렇게 하면 백제가 직접 나서서 신라와 골치 아픈 협상을 벌일 필요가 없다.

그렇지만 이런 구상은 성왕의 처지에서만 계산해본 달콤한 꿈이었다. 신라는 말할 것 없고 임나 소속국이나 왜까지 백제가 내놓은 계획에 달가워하지 않았다. 백제가 이런 계획을 세운 의도는 임나·왜에 신라까지 동맹으로 묶어놓고 백제가 조종하겠다는 뜻이다.

백제의 손아귀에서 벗어나려는 임나가, 백제가 원할 때마다 고구려와 분쟁에 화살받이나 되어주는 임나로 되돌아가라는 제의를 받아들일 리 만무했다. 왜 역시 백제가 통제하는 임나의 존재를 달가워하지 않았다. 백제-왜 관계가 우호적이라고는 하지만 상황에 따라 어떻게 바뀔지 모른다. 백제와 동등한 관계의 동맹을 맺어놓았던 신라는 말할 것도 없었다. 백제가 주도하는 동맹체에 들어가는 것은 물론이고 아예 그런 동맹체가 생기는 것부터가 달갑지 않다.

성왕은 이 과정에서 근초고왕 때와 달라진 상황을 깨닫지 않을 수 없었다. 근초고왕 때는 임나와 왜의 전폭적인 협조 아래, 목라근자(木羅斤資) 같은 백제 요원이 현지에 상주하며 임나 요인들을 수시로 소집하여 현안을 논의할 수 있었다. 그 과정에서 백제가 원하는 사항을 반영하여 일을 효율적으로 추진할 수 있었을 것이다.

그렇지만 이제는 광개토왕의 임나가라 정벌로 백제-가야-왜를 잇는 협력 체제가 무너져버린 상태였다. 그래서 임나의 대표자들을 수도 사비로 불러들여 성왕이 이들을 상대로 직접 현안을 논의하는 형태를 취할 수밖에 없었다. 더욱이 근초고왕 때와 달리 임나의 대표자들이 자발적으로 협조해주지도 않았다. 임나 한기들을 소집하는 과정에서, 이들이 자기 나라의 사소한 사정을 내세워 소집에 응하지 않는 수법이 통했던 것은 이런 사정이 반영된 것이라 할 수 있다. 그렇지만 성왕은 이대로 주저앉지 않았다.

아라가야와 일본부의 저항

성왕이 임나재건을 내세워 실제로는 임나에 대한 통제력

을 강화하려 한 것은, 곧이어 벌어질 한강 유역 탈환을 위해 배후의 위험을 제거하는 동시에 백제의 전력을 강화하려는 사전 포석이라 할 수 있다. 이러한 조치가 임나의 처지에서는 달갑지 않다 못해 위협적이었다. 결국 백제를 위한 전쟁에 동원될 수 있음을 의미했기 때문이다. 당사자인 임나가 임나재건에 저항했던 이유는 여기서 찾을 수 있다.

이러던 중 548년(성왕 26)으로 접어들면서 의미심장한 사태가 터졌다. 이해 정월에 고구려가 예(濊)의 병사들을 동원하여 백제의 독산성(獨山城)을 공격했다. 고구려의 공격을 받자 백제는 신라에 구원을 요청했고 신라는 장군 주진(朱珍)에게 3,000명의 병력을 주어 백제 구원에 나섰다. 이 덕분에 백제는 고구려군을 격퇴할 수 있었다.

그리고 비슷한 시기 왜에서도 나쁘지 않은 소식이 들어왔다. 지난해 파견되었던 백제 사신 진모선문 등이 돌아오면서 "요구했던 병력을 보낼 테니, 백제 왕에게 보고하라"는 왜 측의 답을 받아온 것이다.

여기까지는 백제의 관점에서 일이 매우 잘 풀리는 것처럼 보였다. 그렇지만 이전 전투에서 생포한 포로를 심문하는 과정에서 충격적인 사실이 밝혀졌다. 사로잡힌 고구려 병사들이 이번 침공은 백제를 공격해달라는 아라가야와 일본부의 요청 때문에 감행했다고 털어놓은 것이다.

4월, 성왕은 왜에 중부 간솔(杆率) 약엽례(掠葉禮) 등을 보내며 이 사태에 대한 조치를 취했다. 이때 성왕이 왜에 전한 메시지는 이런 것이었다. "병력을 보내준다는 소식은 반갑다. 그러나 올해 정월 고구려가 침공해 왔을 때 잡은 포로들의 말이, 아라가야와 일본부가 부탁을 해서 이번 공세에 나섰다고 한다. 상황을 맞추어보니 그럴듯하다. 이 사실을 밝히려고 아라가야와 일본부에 세 번이나 사신을 보내 불렀으나 모두 오지 않았다. 심각하게 생각해봐야 할 상황이 생겼으니 병력 파견은 보류해놓으라."

성왕에게서 이런 의사를 전달받은 왜 측에서는 이번에도 "모르는 일이고, 지시한 바도 없으며, 믿을 수도 없다"고 버텼다. 하지만 여러 정황으로 보아 이 사태는 임나의 자립을 포기하지 않으려 했던 아라가야가 왜의 지원을 얻어 고구려를 끌어들인 결과였다고 보인다.

왜는 지시한 바 없다고 버티면서도 불안했는지 6월, 백제에 사신을 파견하여 덕솔 진모선문 등이 잘 돌아가서 소식을 전했는지 안부를 물으며 상황을 살폈다. 그러면서 임나와 협조하여 고구려를 막아야 한다는 입에 발린 소리를 늘어놓았다.

그리고 7월, 지난 4월에 파견되었던 약엽례가 돌아왔다. 이해 10월, 왜는 370명을 백제에 파견하여 득이신(得爾辛)에

성 쌓는 일을 돕게 했다. 백제의 심기를 불편하게 해서 좋을 것이 없다고 판단한 왜가 성의를 보인 셈이다.

다음 해인 549년(성왕 27) 정월에 흰 무지개가 해를 관통하는 일이 있었다. 그 비슷한 시기에 왜는 돌아가는 백제 사신들을 통해, 작년에 벌어진 일은 "에나시·마투 등이 본국에 보고하지 않고 고구려와 밀통한 일은 자체 조사하겠으며, 병력 파견 역시 백제의 요구대로 보류하겠다"고 통보했다. 왜가 이렇게 성의를 보이자 백제는 더 이상 문제를 확대시키지 않았다.

이해에 중국 남조(南朝) 양나라에서 이른바 '후경(侯景)의 난'이 일어났다. 양나라의 수도가 후경에게 포위되어 있던 10월, 성왕이 보낸 사신이 하필 그때를 맞추어 현지에 도착했다. 양나라의 수도가 파괴되어 황폐해진 사태를 본 백제 사신들은 모두 단문(端門) 밖에서 소리 내어 울었다. 이 광경을 보고 양나라 사람들이 같이 슬퍼하자, 이 소식을 들은 후경이 크게 노하여 백제 사신들을 잡아 가두는 일이 있었다. 이때 감금당했던 백제 사신들은 후경의 난이 끝나고 나서야 돌아왔다.

550년(성왕 28) 정월에 성왕은 장군 달기(達己)에게 군사 1만 명을 주어 고구려 도살성(道薩城)을 공략하게 하여 함락시켰다. 그러자 3월, 고구려는 그 보복 조치로 군대를 보내 금현성(金峴城)을 포위하여 결국 함락시켰다. 이렇게 백제와 고구려가 치열한 공방전을 벌이던 두 성은 얼마 가지 않아 신라의 수중에 떨어졌다.

한편 이해에 왜가 사신 아히타(阿比多)를 파견하여 화살 30구(具: 1,500발에 해당한다)를 보내왔다. 여기에 나솔 마무(馬武)가 백제 왕을 잘 보좌하는 신하라 하니 그를 사신으로 파견해달라는 요청을 덧붙였다. 성왕은 돌아가는 왜의 사신을 통해 에나시·마투의 일은 알아서 처리하라는 답과 함께, 지난해 전투 때 잡은 고구려 포로를 선물로 보내주었다. 여기에 더하여 중부 나솔 구근(久斤)·하부 시덕 작간나(灼干那) 등을 왜에 사신으로 파견하면서 고구려 포로 10명을 추가로 보냈다. 백제가 아라가야에도 모종의 조치를 취했는지 이후로는 더 이상 백제에 저항한 기록이 나오지 않는다.

이로 미루어 보아 이른바 '임나재건' 계획이 원래의 구상대로 이루어지지는 않았지만, 백제의 목적은 어느 정도 달성되었다고 할 수 있다. 신라에 투항해버린 일부 나라를 제외

하면 임나에 대한 통제력을 회복한 셈이다. 신라 또한 아직 은 동맹으로 협조하고 있었다. 내심 임나의 처지를 지지하던 왜도 백제에 협력하도록 해놓았다.

551년(성왕 29) 3월, 왜에서 보리 씨앗 1,000곡(斛)을 백제로 보냈다는 기록이 나타나는 것은 이러한 맥락일 것이다. 이 단순한 일 뒤에 당시 동북아시아의 정세에 엄청난 파장을 불러올 사건이 일어났다.

전해에 고구려·신라 등이 얽힌 소규모 공방전을 치렀지만 임나와 왜와 관계를 안정시켰다고 여긴 백제는, 이해에 고구려에 대한 공세를 개시했다. 이때 임나와 왜의 병력까지 동원한 것 같다. 백제는 이 침공을 통해 한강 하류 지역 6개 군(郡)을 점령하는 전과를 올렸다. 백제의 움직임을 주시하고 있던 신라는, 전황이 유리해지자 거칠부(居柒夫) 지휘 아래 병력을 움직여 죽령(竹嶺)에서 북쪽 고현(高峴)에 이르는 10개 군을 점령했다.

이후 552년(성왕 30) 10월경, 성왕은 서부(西部) 희씨(姬氏) 달솔(達率) 노리사치계(怒唎斯致契) 등을 왜에 파견하여 금동으로 만든 석가불상(釋迦佛像) 1구(軀)와 번개(幡蓋), 불교 경전 등을 보내주었다. 이를 통해 성왕은 왜에도 불교를 보급하라고 권했다. 천황은 이 권유를 매우 기쁘게 받아들였으나 왜 신료들의 의견은 갈렸다.

천황이 신하들에게 의견을 묻자 소가노오키미 이나메노
스쿠네(蘇我大臣稻目宿禰)는 "다른 나라도 다 하는데 우리만
거스를 수 없습니다"라며 찬성했다. 반면 모노노베노 오무
라지 오코시(物部大連尾興)와 나카토미노 무라지 가마코(中臣
連鎌子)는 "우리나라는 천지(天地) 사직(社稷)의 180신(神)을
섬기는데, 이제 다른 신을 섬긴다면 국신(國神)의 노여움을
살까 두렵습니다"라며 반대했다. 그러자 천황은 찬성하는
소가노오키미 이나메노스쿠네에게 백제에서 온 불상을 맡
겼고, 그는 자신의 집까지 희사하여 절을 세웠다.

그런데 이후 험악한 상황이 벌어졌다. 나라에 돌림병이
돌아 백성들이 손쓸 수 없이 죽어나갔다고 한다. 그러자 모
노노베노 오무라지 오코시와 나카토미노 무라지 가마코는
자신들 말을 듣지 않아 이런 사태가 일어났다며 불상을 파
괴해야 한다고 천황에게 압력을 넣었다. 이들의 압력을 못
이긴 천황은 이를 허락했다. 이에 관리들이 불상을 강물에
던져버리고 절에 불을 질렀다. 그런데 이번에는 갑자기 대전
(大殿)에서 불이 났다고 한다.

당시 불교 도입과 관련된 일련의 사건은 역사적 사실보다
설화에 가깝다는 느낌을 준다. 그렇지만 의미가 없다고 보지
는 않는다. 백제 측에서 보급하려는 불교를 두고 목만치(木滿
致)의 후손으로 백제와 가까웠던 소가씨(蘇我氏)와 이들과 경

쟁관계였던 모노노베씨(物部氏)의 갈등이 반영된 설화로 해석하는 것이다.

신라의 배신

옛 땅을 수복했고 왜와 관계도 어느 정도 안정되어갔지만, 얼마 가지 않아 새로운 문제가 터졌다. 옛 땅 수복의 기쁨도 잠시였을 뿐, 553년(성왕 31) 7월에 신라가 한강 하류 지역을 빼앗아 신주(新州)를 설치했던 것이다. 『일본서기』에는 백제가 수복했던 한성 지역을 신라에 빼앗긴 때가 이보다 빠른 시기라고 되어 있으나, 여기서는 『삼국사기』 기록을 따랐다.

신라에게 배신당한 셈인데, 성왕은 일단 외교적 해결을 모색했던 것 같다. 이해 10월에 성왕의 딸이 "신라에 시집갔다"고 되어 있기 때문이다. 그러나 신라는 이마저 거부했다.

이해에 해당하는 『일본서기』 기록에는 백제가 상부(上部) 덕솔 과야차주(科野次酒) · 간솔(杆率) 예색돈(禮塞敦) 등을 보내 군사를 청했다고 되어 있다. 그리고 백제 사신 중부 간솔 목리금돈(木刕今敦)과 하내부(河內部)의 아사비다(阿斯比多) 등이 임무를 마치고 돌아갔다고 한다. 이런 정황으로 보아

이 시기 백제는 신라에 보복하기 위해 왜의 군사력을 이용하려 했던 것 같다.

왜는 이 요청을 받아들였다. 『일본서기』에는 이해 6월 우치노오미(內臣: 이름은 빠져 있다)를 백제에 사신으로 파견하며 좋은 말 2필, 동선(同船: 모로키후네母慮紀舟) 2척, 활 50장(張), 화살 50구(具)를 보내왔다. 그러면서 백제에서 요청한 군대는 성왕이 요구한 대로 해줄 테니, 교대할 때가 된 "의박사(醫博士)·역박사(易博士)·역박사(曆博士) 등을 돌아오는 사신에 딸려 보내도록 해달라"는 요청을 해왔다. 여기에 "복서(卜書)·역본(曆本)과 여러 가지 약재도 보내달라"는 요청을 덧붙였다.

그리고 7월, 백제에 보낼 군대 문제를 관리하기 위해 천황이 구스노마가리노미야(樟勾宮)에 행차했다. 이때 소가노오키미 이나메노스쿠네가 수행했으며, 선박에 대한 부역 관리를 맡긴 인물이 왕진이(王辰爾: 일명 왕지인수王智仁首)였다. 이 사람은 오진천황(應神天皇) 때 왜로 건너온 백제계 인물이라고 한다. 이때 왕진이를 후네노쓰가사(船長)로 삼고 후네노후비토(船史)라는 성(姓)을 내려주어, 후네노무라치씨(船連氏)의 선조가 되었다고 기록되어 있다.

왜 측에서 백제에 보낼 군대에 나름대로 신경 쓴 것 같지만, 백제 측에서는 왜의 군대 파견을 재촉했다. 8월에 백제에서는 상부 나솔 과야신라(科野新羅)·하부 고덕(固德) 문휴대산(汶休帶山) 등을 파견하여, 신라와 고구려의 위협이 급박하게 증대하고 있으니 '가을이 되기 전에 군대를 보내달라, 파견되어 온 군대의 보급은 백제 쪽에서 책임지겠다'는 뜻을 전달했다.

그리고 왜에서 파견하여 열심히 활동했던 이쿠하노오미(的臣)의 죽음에 조의를 표하면서, 그를 대신할 사람을 파견해달라는 뜻과 활과 말도 보내달라는 요청을 덧붙였다.

뒤이은 10월, 『일본서기』에는 백제 왕자 여창(餘昌: 훗날 위덕왕威德王)이 고구려를 공략했던 사건에 대한 기록이 나온다. 여창은 백제군을 총동원하여, 군사들과 함께 먹고 자며 고구려로 진격했다. 고구려 쪽에서 이에 맞서 군대를 동원했는데, 진격해 오는 백제군을 발견하고도 바로 공격하지 않고 밤새도록 북과 피리를 치며 위협만 주었다. 백제 측에서도 북을 치며 대응했다.

다음 날이 되어서야 고구려 장수들이 예의를 갖추어 서로의 신분을 확인한 다음 싸웠다고 한다. 백제 쪽에서 "고구려 장수를 창으로 찔러 머리를 벤 다음, 머리를 창끝에 찔러 들고 돌아와 군사들에게 보였다"는 식의 서술이 나타나는 점으로 보아 장수들끼리 결투가 벌어진 듯하다. 이렇게 백제군의 사기를 올린 다음, 이 기세를 타고 고구려군을 동성산(東

聖山) 위까지 추격했다고 한다. 백제가 신라에 공세를 취하기 전에 고구려를 먼저 공격한 것은, 후에 신라 공격을 틈 타고구려가 백제를 공격해 오는 사태를 미연에 방지하기 위한조치였던 것 같다.

이렇게 백제가 고구려군을 격파하는 와중에도, 가을까지보내달라고 했던 왜의 지원군은 도착하지 않았다. 해를 넘긴554년(성왕 32) 정월, 백제 측에서는 중부의 목리시덕문차(木劦施德文次)·전부 시덕 왈좌분옥(曰佐分屋) 등을 쓰쿠시(筑紫)에 파견했다. 또다시 병력 파견에 대해 채근한 셈이다.

이때 왜의 실무자 격인 우치노오미·사에키노무라지(佐伯連) 등에게 "왜로 파견했던 덕솔 차주(次酒)·간솔 색돈(塞敦)등이 지난해 윤달 4일에 와서 우치노오미 등이 정월에 도착할 것이라고 전했을 뿐 자세한 말이 없었다. 병력 파견을 하는 건지 마는 건지, 파견한다면 몇 명이나 오는 건지 알려달라"고 했다. 그러자 왜 측에서는 "쓰쿠시에서 파견될 부대를살펴라"고 전해주었고, 백제 측에서는 전황이 급박하니 "정월 안으로 도착하도록 해달라"는 의사를 밝혔다. 왜에서는"지원군 1,000명, 말 100필, 배 40척을 보내도록 하겠다"고대답했다.

그렇지만 왜의 지원군은 정월 안에 도착하지 않았다. 그러자 다음 달인 2월, 백제는 또다시 하부의 간솔 장군(將軍)

삼귀(三貴)와 상부의 나솔 물부오(物部烏) 등을 보냈다.

그리고 전에 파견되었던 나솔 동성자언을 덕솔 동성자막고(東城子莫古)로, 고덕 마정안(馬丁安)을 오경박사(五經博士) 왕류귀(王柳貴)로, 도침(道深) 등 승려 7인을 담혜(曇慧) 등 9인으로 교대시켜주었다. 또 역박사(易博士) 시덕 왕도량(王道良), 역박사(曆博士) 고덕 왕보손(王保孫), 의박사(醫博士) 나솔 왕유릉타(王有凌陀), 채약사(採藥師) 시덕 반량풍(潘量豊)·고덕 정유타(丁有陀), 악인(樂人) 시덕 삼근(三斤)·계덕(季德) 기마차(己麻次)·계덕 진노(進奴)·대덕(對德) 진타(進陀)를 보내 먼저 파견되었던 사람들과 교체시켰다. 이런 임무를 수행한 백제 사신인 중부의 목리시덕문차 등은 다음 달인 3월 백제로 돌아왔다. 이후 왜의 군대는 5월이 되어서야 우치노오미가 거느린 수군이 백제에 도착했다.

관산성 전투

이렇게 정지 작업을 해놓은 다음인 554년(성왕 32) 가을 7월, 백제는 본격적인 신라 침공에 나섰다. 이때 벌어진 전투를 '관산성(管山城: 『일본서기』에는 함산성函山城) 전투'라 한다. 『일본서기』에는 백제가 12월에 왜로 보낸 국서에서 이 전투가 언급되고 있다. 백제 측에서 천황에게 전황 보고를 올리는 형식으로 기록되어 있는 것이다. 여기에는 12월, 백제가 하부 간솔 문사간노(汶斯干奴)를 보내 "왜에 요청해 우치노 오미(有至臣) 등이 데려온 군사들과 함께 신라를 정벌했고, 이달 9일 유시(酉時)에 성을 불태워 빼앗았으므로 사신을 보내 아뢴다"는 식으로 서술되어 있다. 그리고 신라만 상대하는 것이 아니라 고구려까지 의식해야 하니 급히 추가로 병력을 보내달라는 요구를 덧붙였다. 이와 함께 좋은 비단 2필, 탑등(氍毹: 모직물) 1령(領), 도끼 300구(口), 함락시킨 성에서 사로잡은 백성 중 남자 둘과 여자 다섯을 왜로 보냈다.

그런데 단순해 보이는 이 기록은 같은 전투에 대한 『삼국사기』의 묘사와 차이가 있다. 『삼국사기』 「신라본기(新羅本紀)」에는 백제의 침공에 맞서 신라군이 고전하던 상황에서, 뒤늦게 신주(新州) 군주(軍主) 김무력(金武力) 부대의 가세로 성왕이 전사하고 3만 가까운 전사자를 내면서 역전되었다고 했다. 반면 『일본서기』에는 첫 번째 공략 목표였던 관산성이 함락되었다고 해놓은 것이다. 또 성왕도 전투 중에 죽은 것이 아니라, 사비에서 전장으로 오다가 생포되어 살해당한 것으로 되어 있다.

보통은 『일본서기』에 과장이 많다는 점을 의식해서, 『삼국사기』에 쓰인 대로 해석하는 경향이 강하다. 초반에는 전황이 백제에 유리했지만, 원군의 가세로 사기가 높아진 신라군의 반격으로 백제군이 전멸당하며 이 와중에 성왕이 전장에서 전사했다는 것이다.

그러나 기록을 잘 살펴보면 그렇게만 해석할 수 없는 측면이 나타난다. 우선 김무력보다 먼저 백제군과 전투를 벌인 신라의 군주(軍主) 각간(角干) 우덕(于德)·이찬(伊湌) 탐지(耽知) 등의 공을 언급하는 내용이 보이지 않는다. 김무력 부대가 가세할 때까지 버텨냈다면 이들 역시 김무력과 함께 신라의 승리에 대단한 공을 세운 셈이다. 그런데도 김무력의 공은 두고두고 칭송을 받은 반면 이들의 공에 대한 이야기는 없다. 이는 관산성이 김무력 부대가 가세하기 전에 함락되었다는 점을 뒷받침한다고 할 수 있다.

또 성왕이 "신라를 습격하고자 하여 친히 보병과 기병[步騎] 50명을 거느리고 밤에 구천(狗川)에 이르렀다"는 구절도 의미심장하다. 사실 백제 정도 되는 나라의 왕이 소대 규모 병력을 데리고 친히 야습을 시도했다고 보기는 어렵다. 또한 성왕과 함께 지금의 장관급에 해당하는 백제 좌평(佐平) 4명까지 같이 잡혀서 죽었다는 내용이 나온다. 왕과 함께 한 나라의 권력 핵심들이 이렇게 소대 병력으로 적진에 야습을 감행하려 했다고 믿는 것은 난센스다. 이는 『삼국사기』에 구체적인 상황 일부가 누락되면서 자연스럽게 왜곡된 인상을 주게 된 결과라고 할 수 있다.

이러한 점을 감안해서 전투 양상을 재구성해보면 다음과 같이 된다. 백제-가야-왜 연합군은 먼저 지금의 충북 옥천 지역인 관산성을 공격했다. 이곳은 백제에서 신라 영역으로 쳐들어가려면 반드시 거쳐야 하는 관문이다. 관산성의 중요성을 알고 있는 신라 측도 이찬 탐지가 지휘하는 증원군을 보냈다.

그랬음에도 백제군은 한밤중 성에 불을 질러 혼란을 일으키고 이를 틈 타 성을 함락시켜버렸다. 이찬 탐지가 이끄는 신라의 증원군은 이 와중에 격파당했다. 이것으로 신라의 제1방어선은 무너지고, 백제군은 신라 깊숙이 진격할 기회를 잡았다.

백제군이 초전에 개가를 올리자 성왕은 전선을 시찰하고 싶어했고, 측근을 비롯한 호위 병력 50명과 함께 최전선을 향해 출발했다. 그런데 백제 측의 계산에서 빠져 있던 부대가 있었다. 신주 군주인 김무력의 부대였다.

신주는 신라가 한강 유역을 점령한 후 새로 만든 주였다. 신라의 북방에 해당하는 변방이자 고구려도 의식해야 하는 요충지라는 뜻이다. 이 때문에 김무력의 부대는 남쪽에서 벌어진 전투에 일찍 투입되기 어려웠다. 그래서 초전에 참전하지 못할 정도로 동원과 이동이 늦어졌다.

이 점이 신라에는 전화위복이 되었다. 뒤늦게 출발한 김무력 부대는 주변 지역의 신라군을 동원·합류시키면서 관산성 지역을 향해 내려왔다. 그중에 비장(裨將) 삼년산군(三年山郡) 고간도도(高干都刀)의 부대도 있었다. 그런데 하필이면 이 시점이 성왕의 도착 시점과 일치해버렸다. 그 덕분에 김무력 부대의 일부였던 고간도도의 부대가 야간에 지나가던 성왕을 급습·생포할 수 있었다.

성왕의 죽음

성왕이 왜 전선으로 가려 했는지, 신라군은 어떻게 성왕을 잡을 수 있는 곳에 매복했는지에 대해서는 기록이 없다. 물론 『일본서기』에 나와 있듯이 "야전에서 고생하고 있을 태자 여창이 걱정되었기 때문"이라고 보는 것은 무리다. 성왕 정도 되는 통치자가 그런 개인감정 때문에 위험을 무릅쓰려 했다고 보기는 어렵다. 그보다는 태자 여창을 비롯한 백제군을 격려하는 동시에, 승전 이후 신라에 대한 처리를 친히 하려는 의도였다고 보는 것이 무난할 듯하다.

『일본서기』에는 "이때 신라에서 좌지촌(佐知村)의 말 먹이는 노비 고도(苦都: 다른 이름은 곡지谷智다)에게 '명왕(明王:

성왕)은 뛰어난 군주다. 이제 뛰어난 군주를 천한 노비로 하여금 죽이게 하여, 후세 사람들이 잊지 않게 되기를 바란다'고 했다"라고 기록해놓았다. 그래서 얼마 후 성왕을 사로잡은 고도가 두 번 절하여 예의를 갖추고 "왕의 머리를 베기를 청"했다고 한다.

이때 성왕은 "왕의 머리를 노비의 손에 내어줄 수 없다"는 이유를 내세워 버티며 시간을 끌어보려 했다. 포로가 되었더라도 신라 고위층과 접촉한다면 모종의 타협이 이루어질 수 있다고 믿었던 것 같다는 추측만 가능하다.

『일본서기』의 내용을 액면 그대로 믿기는 어렵지만, 고도는 "우리나라 법에는 왕이라도 맹세를 어기면 미천한 자의 손에 죽는다"며 성왕의 요구를 거절했다. 그러자 성왕은 하늘을 우러러 크게 탄식하고 눈물을 흘리며 "고뇌 속에 살아온 인생, 돌이켜 생각해봐도 구차하게 살 수 없다" 하고는 참수를 허락했다고 한다. 『일본서기』에서는 이때 성왕이 "호상(胡床)에 걸터앉아 차고 있던 칼을 풀어주었다"고 기록한 역사서도 있다고 전한다.

고도는 성왕의 머리를 베어 죽이고 구덩이에 묻었다. 이에 대해서도 신라가 나머지 뼈를 예를 갖춰 백제에 보내고, 성왕의 머리는 "북청(北廳) 계단 아래에 묻었는데, 이 관청에 도당(都堂)이라는 이름을 붙였다"고 한 기록도 있다. 물론 이

것은 『일본서기』의 일방적인 서술일 뿐 액면 그대로 사실이라고 보기는 어렵다. 성왕을 잡기도 전에 생포할 것을 예측하고 노비를 시켜 죽일 계획을 세웠다는 이야기부터 설득력이 떨어진다. 신라 측에서는 애초부터 백제와 타협을 할 생각이 없었다는 의사를 분명히 한 것이 이러한 설화로 남은 것 아닌가 한다.

어쨌든 554년(성왕 32) 관산성 전투에서 예기치 못한 성왕의 죽음으로 백제군은 일대 혼란에 빠졌다. 전투에서 패하지는 않았지만 왕이 죽어버린 사실에 후방에서 영향받지 않을 수 없었다. 더욱이 태자 여창에게는 의식해야만 할 점이 있었다.

전쟁을 시작하기 전부터 백제 귀족들은 전쟁에 반대했다. 표면적인 명분은 위험한 전쟁을 피하자는 것이었지만, 내심은 신라를 격파하여 왕실이 독주하는 구도를 우려했다는 해석이 있다. 이런 상황에서 여창은 직접 나서서 귀족들의 반대를 누르고 원정을 감행했다.

그런데 자신의 권위를 받쳐주는 성왕은 물론 측근들까지 몰살당해버렸다. 거기다 여창 자신은 신라 영토 안으로 깊숙이 들어온 상황이었다. 수도 사비의 사정이 불안하지 않을 수 없었다. 신라와 전쟁을 고집하다가 사비에 있는 귀족들과 갈등이 생겨 지원이 끊기는 날이면 신라 깊숙이 진격한 백제군은 정말 심각한 사태를 맞이할 수 있었다. 강제로 동원한 가야군도 믿을 수 있는 처지가 아니었다. 5세기 후반 관산성 전투가 일어나기 직전까지 가야는 백제의 손아귀에서 벗어나기 위해 모든 노력을 기울이고 있었다. 백제군이 승기를 잡은 상황에서야 어쩔 수 없이 협력하겠지만, 백제가 위기에 몰리면 사정이 달라진다.

여러 가지로 부담을 느낀 백제군은 철수할 수밖에 없었다. 철수하는 과정에서 신라군의 기습이 이어졌다. 『일본서기』에는 한때 여창의 생명까지 위험한 상황이 벌어졌음을 암시하는 기록조차 나타난다. 이 위기가 왜에서 보내준 장수에 의해 극복되었다고 되어 있다. 그렇지만 천황이 항상 백제를 돌봐주었다는 『일본서기』의 상투적 과장을 감안하면 그다지 신빙성은 없는 듯하다.

제27대 위덕왕

패전으로 인한 위기와 극복

554년 성왕의 갑작스러운 전사로 뒤를 잇게 된 태자 여창이 위덕왕(威德王)이다. 『삼국사기』에는 그의 이름이 창(昌)이고 성왕의 맏아들이라고 되어 있다. 위덕왕이 즉위한 해인 554년 10월에 고구려가 크게 군사를 일으켜 웅천성(熊川城)을 공격해 왔다. 그렇지만 고구려는 이 공략에 실패하고 돌아갔다.

침공 자체는 간략하게 마무리되었지만, 이 사건이 암시하는 바는 크다. 『삼국사기』나 『일본서기』가 백제군이 관산성 전투에서 3만 명에 가까운 희생자를 내며 붕괴해버린 것처럼 묘사한 것과 상반되는 사정을 보여주기 때문이다.

당시 인구를 감안하면 3만 병력이 전멸하는 희생을 치르고 나서 백제가 무사했을지 의문이다. 그런데도 백제는 곧바로 이어진 고구려의 공세를 쉽게 격퇴했다. 여기서 그치지 않고 몇 년 후 백제는 신라에 대한 침공을 재개했다. 그렇기 때문에 『삼국사기』「신라본기」나 『일본서기』에 나타나는 백제군의 위기 상황은 과장되었다고 볼 수 있다.

특히 『일본서기』는 "이때 신라 장수들이 백제가 지쳤음을 모두 알고 드디어 멸망시켜 남겨두지 않으려 했다. 그때 한 장수가 '안 된다. 일본 천황이 임나의 일 때문에 여러 번 우리나라를 책망했다. 하물며 다시 백제관가(百濟官家)를 멸망시키기를 꾀한다면 반드시 후환을 부를 것이다'라고 해서 그만두었다"고 되어 있다. 이 기록대로 정말 신라가 백제를 멸망시키려다가 왜가 두려워 못 했다고 믿기는 곤란하다. 이는 천황의 권위를 높이기 위해 편리한 대로 전황을 과장한 것이며, 백제의 위기를 강조한 이유 역시 이 연장선상에서 파악해야 할 듯하다.

사실 신라군은 초기의 패배로 백제군을 섬멸하는 데 한계가 있었다. 따져보면 백제군은 손실이 그다지 크지 않았고 중요한 전략 거점을 잃지도 않았다. 따라서 관산성 전투에서 백제군이 참패했기 때문에 신라는 세력이 커지고 백제는 위축되었다고 보기는 어렵다.

단지 백제 왕실이 입은 정치적인 타격은 컸다. 『일본서기』에는 태자 시절의 위덕왕이 신라 원정을 반대하는 대신들의 저항을 물리치고 원정에 나섰음을 암시하는 대목이 있다. 이렇게 나선 원정에서 성왕이 전장까지 같이 갈 만큼 믿고 의지하던 측근들이 함께 전사해버렸다. 이는 백제 왕권의 지지 기반이 약화되었음을 의미한다. 이러한 희생을 치렀으면서도 국가적 숙원으로 삼던 요충지는 끝내 신라의 손아귀에서 수복하지 못하고 말았다. 그 후유증으로 이후 국제 정세에서 주도권까지 악영향을 받았다.

『일본서기』에는 위덕왕이 『삼국사기』 기록보다 3년 후인 557년에야 즉위했다고 되어 있다. 이를 근거로 백제 내부의 정치 혼란 때문에 위덕왕이 실제로 3년 동안 즉위하지 못했다고 보는 사람도 있다. 그렇지만 사실을 조작해 넣지 않는다는 원칙이 『일본서기』에 비해 철저했던 『삼국사기』에서 즉위년을 조작했을지는 의문이다.

555년(위덕왕 2), 『일본서기』에는 위덕왕이 아우 혜(惠)를 보내어 성왕의 죽음에 대해 알렸다고 되어 있다. 이에 천황은 나루까지 사자(使者)를 보내 맞이하며 위로했다고 한다.

이때 고세노오미(許勢臣)가 왕자 혜에게 "이곳에 머물 것인지, 본국으로 돌아갈 것인지" 물었다 한다. 그러자 혜는 그것은 천황의 뜻에 달렸다면서 "부왕(父王)의 원수를 갚고자 하니 무기를 많이 대주면 좋겠다"는 뜻을 전했다고 기록해 놓았다.

얼마 후 소가노오미(蘇我臣)도 찾아와 위문했다. 그는 성왕에 대한 찬사를 늘어놓으며, "그렇게 훌륭한 왕이 갑자기 죽어버린 지금 어떤 방법으로 나라를 안정시키려는지" 물어왔다.

혜가 "나는 타고난 성품이 어리석어 잘 모르겠다"며 겸손을 보이자, 소가노마에쓰키미(蘇我卿)는 고구려의 침략으로 위기에 몰렸던 역사를 상기시키며, 그때 신(神)의 계시를 받아 구원받았다는 말을 꺼냈다. "지금 백제에서는 사당(祠堂)을 돌보지 않고 제사를 지내지 않는다고 하는데, 이 때문에 일이 잘못된 것 같으니 신궁(神宮)을 수리하고 신령(神靈)을 받들어 제사 지내면 나라가 크게 번성할" 것이라는 충고를 했다.

이런 충고가 나올 만큼 신라 원정에 실패한 일은 백제 국내 정국에 악영향을 크게 미치고 있었다. 이를 틈 타 위덕왕에게 반대하는 백제 귀족들의 압력이 심해졌던 것이다. 압박을 느낀 위덕왕은 속세를 떠나 출가하겠다는 의사를 비쳤다. 그러자 귀족들도 물러섰다.

『일본서기』에는 이해 8월, "생각 없이 먼저 행동부터 해서 후환을 불렀다" "원로들의 말을 들었으면 이렇게까지는 되지 않았을 것이다"라는 등의 우회적 비난이 신하들이 출가를 말리던 언사 중에 나왔다고 쓰여 있다. 백제 귀족들은 "앞의 잘못을 뉘우치고서 속세를 떠나는 일은 하지 말아달라"며 신라 원정을 고집했던 점을 비난하면서도 일단 위덕왕의 출가를 막았다. 대신 귀족들이 지명하는 사람들을 출가시키는 것으로 타협이 이루어졌다.

외교에 정성을 기울인 위덕왕

556년(위덕왕 3) 정월, 『일본서기』에는 "백제 왕자 혜가 돌아가기를 청하자 무기와 좋은 말을 매우 많이 주었다"는 기록이 나온다. 천황은 여기에 더하여 상으로 많은 물품을 빈번하게 내려주었다고 한다. 그래서 왜의 여러 사람이 부러워했다는 것이다. 이에 더하여 아베노오미(阿倍臣)·사에키노무라지(佐伯連)·하리마노아타히(播磨直) 등에게 쓰쿠시의 수군을 이끌고, 그 나라에 도착할 때까지 호위하도록 했다고 기록해놓았다. 이와 별도로 쓰쿠시노히노키미(筑紫火君)를 파견하여 용감한 군사 1,000명을 이끌고 미저(彌弖: 나루터의 이름이라는 주석이 붙어 있다)까지 호위하도록 하고 뱃길의 요충지를 지키게 했다고 기록되어 있다. 쓰쿠시노히노키미에 대해서는 백제 역사서인 『백제본기』를 인용하여 쓰쿠시노키미(筑紫君)의 아들인 히노나카노키미(火中君)의 아우라고 소개해놓았다.

이후 『삼국사기』에는 위덕왕의 활동에 관한 기록이 줄어든다. 559년(위덕왕 6) 5월 초하루 병진(丙辰)에 일식이 있었다는 간단한 사건이 기록된 다음, 561년(위덕왕 8) 7월에 군사를 보내 신라의 변경을 침공한 사건으로 이어질 뿐이다. 변경을 약탈하는 정도의 규모였지만 신라 측에서는 진흥왕(眞興王)이 직접 방어에 나섰고, 백제군은 패배하여 1,000여 명의 전사자를 냈다.

561년(위덕왕 9), 『일본서기』에는 이해 8월에 "천황이 오토모노무라지사데히코(大伴連狹手彦)에게 군사 수만 명을 이끌고 고구려를 치게 했다"는 기록이 나온다. "다른 책에는 오토모노무라지사데히코가 백제와 함께 고려 왕 양향(陽香)을 비진류도(比津留都)에서 쫓아냈다고 한다"는 기록도 같이 나타난다. 어찌되었건 오토모노무라지사데히코는 백제의 전략을 사용하여 고구려를 격파했고, 고구려 왕이 담을 넘어 도망했다 한다. 그래서 오토모노무라지사데히코는 고구려 왕궁에 들어가 보물과 고구려 미녀까지 빼앗아 돌아왔다는 것이다. 오토모노무라지사데히코가 빼앗은 보물의 일부는 천황에게, 나머지 보물과 미녀는 소가노 이나메노스쿠네에게 보냈다는 이야기가 뒤에 붙어 있다. 물론 이 내용을 그대로 믿는 학자는 거의 없다.

그런 다음 567년(위덕왕 14)부터 중원 제국과 교류 기록들이 이어진다. 이해 9월에 남조의 진(陳)나라에 조공 사절을 보낸 것부터 시작하여, 570년(위덕왕 17)에 고씨의 제나라[高齊: 북제北齊]에 사신을 보낸 사건이 나온다. 이때 북제의 후주(後主)가 왕을 '사지절(使持節) 시중(侍中) 거기대장군(車騎大將軍) 대방군공(帶方郡公) 백제왕(百濟王)'으로 삼았다고 한다. 그다음 해인 571년(위덕왕 18)에도, 북제 후주는 위덕왕에게 '사지절(使持節) 도독동청주제군사(都督東青州諸軍事) 동청주자사(東青州刺史)' 벼슬을 내려주었다. 백제는 다음 해인 572년(위덕왕 19)에 또다시 북제에 조공 사절을 보냈다. 그리고 이해 9월 초하루에 일식이 있었다.

575년(위덕왕 22) 2월, 왜에 사신을 파견하여 평소보다 많은 조공품을 전달했다는 기록이 『일본서기』에 나타나지만 그다지 믿을 만한 기록은 못 된다. 4월에 신라·임나·백제에 각각 사신을 파견했다는 것 역시 실체가 확인되지 않는다.

577년(위덕왕 24) 5월, 『일본서기』에는 "오와케노기미(大別王)와 오구로노키시(小黑吉士)를 백제국의 재(宰)로 삼아 보냈다"는 내용이 나온다. 재(宰)에 대해서는 "신하로서 명을 받들어 삼한에 사신으로 갈 때 스스로 재라고 했다"는 설명이 붙어 있다. 여기에 "이는 옛날의 관례였고, 지금은 사(使)라고 한다. 오와케노기미가 어디 출신인지는 자세하지 않다"는 내용이 추가되어 있다.

이렇게 파견된 오와케노기미는 11월에 돌아갔고, 백제 국왕이 이들에게 경론(經論) 몇 권과 6명의 율사(律師)·선사(禪師)·비구니(比丘尼)·주금사(呪禁師)·조불공(造佛工)·조사공(造寺工)를 딸려 보냈다고 한다. 이들은 나니와(難波)의 오와케노기미지(大別王寺)에 배치했다. 물론 이 역시 황국사관의 영향을 받았다고 보는 내용이라 큰 의미를 두지 않는다.

한편 이해 7월에는 다시 진나라에 조공 사절을 보냈다. 이렇게 중원 제국과 교류 기록만 이어지다가, 이해 10월에 신라의 서쪽 변방 주·군(州郡)을 공략한 사건이 나온다. 이 침공은 신라의 이찬(伊飡) 세종(世宗)이 군사를 거느리고 반격해 오는 바람에 실패로 돌아갔다. 그런 다음 11월에는 우문씨(宇文氏)의 주(周)나라, 즉 북주(北周)에 조공 사절을 보냈다. 『일본서기』에는 같은 시기 천황이 왕진이의 아우 우(牛)에게 명하여 쓰노후비토(津史)라는 성을 내렸다고 되어 있다.

578년(위덕왕 25)에도 백제는 북주에 사신을 보냈다. 『일본서기』에는 이해 2월, 백제가 사신을 보내어 평년보다 많은 조(調)를 바쳤다고 되어 있다. 그러던 579년(위덕왕 26), 갑작스럽게 재해 기록이 나타난다. 10월에 살별[長星]이 하늘에 나타났다가 20일 만에 없어졌다고 한다. 이어서 지진이 일어났다.

581년(위덕왕 28)에는 중원에서 새로 일어난 수(隋)나라와 교류가 나타나기 시작한다. 이때 위덕왕이 사신을 보내 조공하자, 수 고조(高祖)는 위덕왕에게 '상개부의동삼사(上開府儀同三司) 대방군공(帶方郡公)' 벼슬을 내려주었다. 다음 해인 582년(위덕왕 29) 정월에도 수나라에 조공 사절을 보냈다.

죽었다가 살아났다는 니치라

그런데 이해 7월에 해당하는 『일본서기』에는 재미있는 사건이 기록되어 있다. 비다쓰천황(敏達天皇)이 부왕 때 임나가 신라에 멸망당하고, 이를 복구하려던 부왕이 결실을 보지 못하고 죽은 상황을 한탄했다. 그래서 기노쿠니노미야쓰코오시카쓰(紀國造押勝)와 기비노아마노아타히하시마(吉備海部直羽嶋)에게 "임나를 부흥시키고자 하여, 그 적임자로 추천된 니치라(日羅)가 지금 백제에 가 있으니 데려오라"는 명을 내렸다.

이들은 10월에 백제로부터 돌아와 "백제 측에서 니치라를 보내려 하지 않는다"는 뜻을 전했다. 그러자 왜에서는 니치라를 데려오라고 다시 기비노아마노아타히시마를 보냈다. 백제로 건너온 기비노아마노아타히시마가 먼저 개인적으로 니치라를 만나려고 혼자 집 근처에 갔다. 그랬더니 집 안에서 백제 여자가 나와 백제 말로 "너의 몸을 나의 몸 안으로 들여보내라" 하고 집 안으로 들어가버렸다. 기비노아마노아타히시마가 그 뒤를 따라 들어갔더니 니치라가 그를 기다리고 있었다. 니치라는 "백제 왕은 내가 왜로 갔다가 다시 돌아오지 않을 것이라 생각하고 있으니, 강력하게 요구해야 할 것"이라고 했다.

기비노아마노아타히시마가 그 말대로 백제 측에 강력하게 요구해서, 은솔(恩率) 덕이(德爾)·여노(余怒)·기노지(奇奴知), 참관(參官) 타사(柁師), 덕솔 차간덕(次干德) 수수(水手) 등과 함께 니치라를 왜로 돌려보냈다. 니치라 등이 기비의 고지마(兒島) 둔창(屯倉)에 이르자 왜 조정에서는 오토모노아라테코노무라지(大伴糠手子連)를 보내어 영접했고, 나니와관(難波館)에 이르렀을 때 다시 사람을 보내어 니치라를 만나보게 했다.

이후 천황을 알현할 때 니치라는 갑옷을 입고 말을 타고 문 앞까지 온 다음 정청(政廳)으로 들어갔다. 그리고 "천황의 부름을 받고 돌아왔습니다"라고 보고하며 갑옷을 벗어 천황에게 바쳤다.

천황은 니치라가 바라는 바를 갖추어주며 국가 정책에 대해 자문을 구했다. 니치라는 "함부로 군대를 일으키지 말고, 경제를 안정시키며, 많은 배를 확보하는 데 힘쓰십시오"라는 원론과 함께 백제에 대한 적대적인 정책을 제시했다. "백제 국왕을 부르고, 만약 오지 않으면 왕자나 좌평 등을 부르"라며, "그러면 저절로 복종할 마음이 우러나올 것이니, 그런 뒤에 죄를 물으십시오"라고 했다. 또 "백제인이 배 3백 척을 보내 쓰쿠시에 터전을 잡겠다고 하면 허락해주십시오. 그러면 백제에서는 먼저 여자들과 아이들을 데리고 올 것이니, 쓰시마(對馬)·이키(壹岐)에 복병(伏兵)을 배치해두었다가 죽여버리십시오. 그리고 중요한 곳마다 요새를 쌓아놓으십시오"라는 전략을 내놓았다.

니치라가 이렇게 백제에 대해 적대 정책의 실행을 촉구하자, 니치라와 같이 왜로 왔던 백제 사신들은 그를 죽일 계획을 세웠다. 은솔·참관이 덕이 등에게 "니치라를 죽인다면 내가 왕에게 모두 아뢰어 높은 벼슬을 내리도록 하고 자신과 처자식들에게도 후에 영예를 내리도록 하겠다" 했다는 것이다.

백제 사신들이 지카(血鹿)에서 출발하고 난 뒤, 덕이 등은 구하이치노무라(桑市村)에서 나니와로 옮겨간 니치라를 죽이려고 했다. 그러나 니치라의 몸에서 불꽃 같은 빛이 나 죽이지 못했다. 그러다가 12월 그믐에 빛을 잃자 그 틈을 타 니치라를 죽였다고 한다.

여기까지만 해도 좀 황당한데, 이후에는 한 나라의 정사(正史)에 나오는 내용이라고 믿기 어려울 정도로 민망한 내용이 이어진다. 이때 백제 측에서는 마침 왜에 와 있던 신라 사신이 죽였다는 식으로 몰아가며 발뺌을 했던 것 같다. 그러자 죽었던 니치라가 다시 살아나서 "이 사건은 내가 부리던 노비 등이 벌인 짓이지 신라가 아니다"라는 말을 하고 다시 죽는 장면이 기록되어 있는 것이다.

이렇게 삼류 괴기물에나 나올 법한 방법으로 범인을 찾은 천황은 니치라의 장사를 지낸 다음, 그 처자식과 수수(水手) 등은 이시카와(石川)에 살게 했다. 그러자 오토모노아라테코노무라지가 "한곳에 모여 살면 변고가 생길까 두렵습니다"라 하여, 니치라의 처자식은 이시카와(石川) 구다라노무라(百濟村)에, 수수 등은 이시카와 오토모노무라(大伴村)로 갈라놓았다.

그러고 나서 덕이 등을 붙잡아 시모쓰쿠다라(下百濟) 가하타노무라(河田村)에 두고 니치라 살해 사건에 대해 따졌다. 그랬더니 덕이 등이 죄를 자백했다고 한다. "이는 은솔·참관이 시켜서 한 짓이고, 상관의 명을 감히 거스를 수 없어 벌인 일"이라고 자백했다는 것이다. 왜 조정에서는 이들을 옥에 가두었다가, 아시키타노키미(葦北君)를 중심으로 한 니치라의 친족들에게 넘겨주고 처벌을 맡겼다. 덕이 등을 인계받은 니치라의 친족들은 이들을 모두 죽여 미메시마(彌賣島: 이곳이 히메시마姬島일 것이라는 주석이 붙어 있다)에 던져버리고, 니치라의 시신을 아시키타(葦北)로 옮겨 묻었다.

그 후 바닷가에 사는 사람들 사이에는 "은솔의 배는 바람을 만나 바다에 빠졌고, 참관의 배는 쓰시마(津嶋)에서 떠돌아다니다가 비로소 돌아갈 수 있었다"는 말이 돌았다 한다. 이와 같이 죽었던 사람이 깨어나는 등의 황당한 이야기가 정사에 나오는 현상이 『일본서기』의 성격을 보여주는 하나의 척도라 하겠다.

백제에서 도입된 불교로 인한 왜 사회의 갈등

그다음 해인 583년(위덕왕 30) 9월, 백제 불교가 왜에 전파되는 이야기가 나온다. 이때 백제에서 파견된 녹심신(鹿深臣)이 미륵석상(彌勒石像) 1구(軀), 사헤키노무라지(佐伯連)가 불상 1구를 가지고 왔다고 한다.

소가노우마코노스쿠네(蘇我馬子宿禰)가 그 불상들을 요청

하고, 구라쓰쿠리노스구리시메다치토(鞍部村主司馬達等)와 이케베노아타히히타(池邊直氷田)에게 불법(佛法)을 수행한 사람을 찾게 했다. 이들은 하리마노쿠니(播磨國)에서 승려였다가 환속한 고려 혜변(高麗惠便)을 찾아내 대신(大臣)의 스승으로 삼았다. 그런 다음 11세였던 시바노 다치토(司馬達等)의 딸 시마(嶋)를 승려로 출가시켰다. 그녀의 법명이 젠신노아마(善信尼)라 한다.

그리고 그녀가 키워낸 제자 두 명도 도를 닦게 했다. 그중 한 사람이 아야히토야보(漢人夜菩)의 딸 도요메(豊女)로 법명이 젠조오노아마(禪藏尼)고, 또 한 사람은 니시코리노쓰부(錦織壺)의 딸 이시메(石女)로 법명이 에젠노아마(惠善尼)다.

소가노우마코노스쿠네는 불법에 심취하여 세 비구니를 우러러보았고, 히타노 아타히(氷田直)와 다치토(達等)에게 이들의 옷과 음식을 공급하게 했다. 집 동쪽에 불전(佛殿)을 만들어 미륵석상을 놓고, 세 비구니를 청하여 제회(齋會)를 크게 열었다. 이때 다치토가 불사리(佛舍利)를 얻어서 이것을 소가노우마코노스쿠네에게 바쳤다. 소가노우마코노스쿠네는 시험 삼아 사리를 모루에 놓고 쇠망치로 후려쳐보았다. 그런데 모루와 쇠망치는 부서졌지만 사리는 훼손되지 않았다. 사리를 물에 던져보았더니 원하는 대로 뜨기도 하고 가라앉기도 했다.

이런 기적을 체험한 소가노우마코노스쿠네와 이케베노 아타히히타·구라쓰쿠리노스구리시메다치토는 불법을 깊이 믿고 수행을 게을리 하지 않았다. 소가노우마코노스쿠네는 이시카와에 있는 집에도 불전을 지어 불교 보급에 적극 나섰다고 한다.

584년(위덕왕 31) 3월, 백제가 보내준 불상 때문에 왜에서 한바탕 난리가 났다. 모노노베노유게노모리야노오무라지(物部弓削守屋大連)와 나카토미노카쓰미노마에쓰키미(中臣勝海大夫)가 천황에게 불교가 전파되는 데 대해 불만을 표시했다.

소가노우마코노스쿠네가 불교를 퍼뜨리는 바람에 전염병이 돌아 천황가 사람들까지 포함하여 백성들이 다 죽게 되었다는 것이다. 이를 통해 천황에게 불교를 금지시키라는 허가를 받아낸 모노노베노유게노모리야노오무라지는 소가노우마코노스쿠네가 세운 절로 쳐들어가, 탑을 무너뜨리고 불을 질러버렸다. 그리고 타다 남은 불상을 모아서 나니와의 호리에(堀江)에 버리게 했다. 이날은 구름도 없었는데 바람이 불고 비가 내렸다고 한다.

기이한 현상이 일어나는데도 모노노베노유게노모리야노오무라지는 비옷을 입고 소가노우마코노스쿠네와 그를 따라 수행하는 승려들에게 모욕을 주려 했다. 그래서 사헤키노미야쓰코미무로(佐伯造御室: 다른 이름은 오로게於閭礙라는 주석이 붙어 있다)를 보내어 소가노우마코노스쿠네가 공양하는 비구니들을 잡아들였다. 그렇게 가두어놓고 관리들에게 비구니들의 법복을 벗기고 채찍으로 때리도록 했다.

이런 일이 있고 나서, 천황이 임나를 세우려고 사카타노미미코노오키미(坂田耳子王)를 사신으로 삼았다. 이때 천황과 모노노베노유게노모리야노오무라지가 갑자기 종기를 앓아 일을 추진할 수 없게 되었다. 그러자 천황은 다치바나노토요히노미코(橘豊日皇子: 뒤의 요메이천황用明天皇)에게 "선대 천황의 조칙을 거스를 수 없다. 임나에 대한 정책에 신경 써야 한다"고 명령했다.

그렇지만 이때 종기가 생겨 죽은 사람들이 많았다. 종기를 앓는 자들은 "몸이 불타고 매를 맞아 부러지는 듯하다"고 하면서 울부짖으며 죽어갔다. 늙은이나 젊은이나 이런 사태는 "불상을 불태웠기 때문에 일어났다"는 말을 몰래 퍼뜨렸다. 사태가 이렇게 번지던 6월, 소가노우마코노스쿠네가 천황에게 자신도 "질병을 앓고 있고 지금까지 낫지 않았으니, 천황이 가지고 있는 세 가지 보물[三寶]의 힘이 있어야 치유될 수 있습니다"라는 말을 전했다. 그러자 천황은 소가노우마코노스쿠네에게 "너만은 불법을 섬기도록 허가하지만 다른 사람은 금지한다"라고 했다 한다.

이는 백제에서 도입된 불교 포교를 둘러싼 갈등에서 일단

모노노베노유게노모리야노오무라지 손을 들어주었던 천황이, 이에 대한 반발이 심해지자 타협안을 낸 것이라 해석할 수 있다. 그 결과 잡혀 왔던 세 비구니는 소가노우마코노스쿠네에게 돌려보내졌다. 소가노우마코노스쿠네는 이들을 기쁘게 맞이하고 새로운 사당[精舍]을 지어서 공양했다고 한다.

그런데 『일본서기』의 특기답게 여기에도 다른 이야기가 붙어 있다. "어떤 책[或本]"에 적혀 있는 이야기라 소개하며 "모노노베노유게노모리야노오무라지·오미와노사카우노키미(大三輪逆君)·나카토미노이하레노무라지(中臣磐余連) 등이 불법을 없애고자 절과 탑[寺塔]을 태우고 불상도 없애버리려고 했다. 소가노우마코노스쿠네는 저항하고 따르지 않았다"고 적어놓았다. 오히려 이렇게 요약된 내용이 백제에서 불교를 도입하는 과정에서 벌어진 소가씨와 모노노베씨 간 갈등의 개요를 쉽게 보여준다.

11월에는 그때까지 수나라에 통합되지 않았던 남조의 진나라에 사신을 파견했다. 그리고 2년 후 586년(위덕왕 33)에도 같은 조치가 반복되었다.

587년(위덕왕 34) 6월, 『일본서기』에는 백제의 사신이 왜로 건너왔다고 되어 있다. 이때 왜의 대신(大臣)이 사신에게 "비구니들을 백제로 데려가 계법(戒法)을 익히도록 한 뒤 돌려보내달라"고 요구했다. 백제 사신은 "우리가 귀국하여 먼저

국왕께 말씀드린 후에 보내도 늦지 않을 것"이라는 말로 결
정을 미루었다.

다음 해인 588년(위덕왕 35), 백제가 사신과 함께 승려 혜
총(惠總)·영근(令斤)·혜식(惠寔) 등을 보내어 부처의 사리[佛
舍利]를 바쳤다. 여기에 은솔 수신(首信), 덕솔 개문(蓋文), 나
솔 복부미신(福富味身), 승려 영조율사(聆照律師)·영위(令威)·
혜중(惠衆)·혜숙(惠宿)·도엄(道嚴)·영개(令開), 사공(寺工) 태
량미태(太良未太)·문고고자(文賈古子), 노반박사(鑪盤博士) 장
덕(將德) 백매순(白昧淳), 와박사(瓦博士) 마나문노(麻奈文奴)·
양귀문(陽貴文)·능귀문(㥭貴文)·석마제미(昔麻帝彌), 화공(畵
工) 백가(白加) 등을 파견했다.

이때 소가노우마코노스쿠네는 백제 승려들을 청하여 수
계(受戒)의 법에 대해 물었다. 그리고 학문을 배우도록 젠신
노아마 등을 백제 사신인 수신 등에게 딸려서 백제로 보냈
다. 이와 함께 아스카노키누누히노미야쓰코(飛鳥衣縫造)의
조상 고노하(樹葉)의 집을 부수고 법흥사(法興寺: 후일의 아스카
데라飛鳥寺)를 지었다. 법흥사가 세워진 곳의 지명은 아스카
(飛鳥)의 마카미노하라(眞神原) 또는 도마타(苫田)라고 한다.

수제국의 등장과 백제

백제가 남조의 진과 교류에 힘쓴 보람도 없이 589년(위덕왕 36)에 수나라가 진나라를 평정해버렸다. 이때 전선(戰船) 한 척이 탐모라국(耽牟羅國)에 표류하여 왔다가 돌아가는 도중에 백제의 경계[國界]를 거치게 되었다. 위덕왕은 이 배에 필요한 물건을 매우 후하게 제공하고, 아울러 사신까지 딸려보내며 표를 올려 진나라를 평정한 것을 축하했다는 기록이 이어지는 점을 보면, 이 배는 수나라의 전선이었던 듯하다.

위덕왕이 이렇게 성의를 보이자, 수나라 고조(문제文帝)는 이에 대한 답서를 보내주었다. 이 답서에서 수 문제는 "백제 왕의 마음은 잘 알겠지만, 자주 사신을 보내다 보면 풍랑을 만나는 사건 등으로 희생이 있을 것이 우려된다"는 뜻을 밝혔다. 이에 덧붙여 "서로 뜻은 통했으니[體悉] 매년 별도로 조공할 필요가 없으며, 짐 또한 사신을 보내지 않을 것"이라는 뜻을 덧붙였다.

590년(위덕왕 37) 3월, 백제에 파견되었던 젠신노아마 등이 돌아왔다. 왜에서는 이들은 사쿠라이데라(櫻井寺)에 머물게 했다. 이해에 왜에서는 여러 명의 비구니가 출가했다. 오토모노사데히코노무라지(大伴狹手彦連)의 딸 젠토쿠(善德), 오토모노코마(大伴狛)의 부인(夫人) 시라키노히메젠메우(新羅媛

善妙), 구다라노히메메우쿠와우(百濟媛妙光)·아야히토젠소우
(漢人善聰)·젠쓰우(善通)·메우토쿠(妙德)·호후자우세우(法定
照)·젠치소우(善智聰)·젠치에(善智惠)·젠쿠와우(善光) 등이었
다. 구라쓰쿠리 노시메노타치토(鞍部司馬達等)의 아들 다수나
(多須奈)도 함께 출가했다.

592년(위덕왕 39) 7월에는 일식이, 594년(위덕왕 41) 11월에
는 살별[星孛]이 각(角)·항(亢)에 나타났다는 기록이 나타난
다. 그러나 이와 연관된 문제에 대한 기록은 없다.

595년(위덕왕 32) 고구려 승려 혜자(慧慈)가 왜로 귀화한 시
기에 백제의 승려 혜총(慧聰)도 왜에 갔다. 이 두 승려는 일본
불교의 핵심 인물로 등장할 정도로 불교 전파에 큰 활약을
했다.

597년(위덕왕 34) 4월, 『일본서기』에는 위덕왕이 왕자 아좌
(阿佐)를 파견했다고 되어 있다. 이 사실이 나중에 위덕왕이
죽은 다음 동생인 혜왕(惠王)이 왕위를 잇는 점과 연관되어
의문이 제기된다.

그리고 598년(위덕왕 45) 9월에 왕은 장사(長史) 왕변나(王
辯那)를 수나라에 조공 사절로 보냈다. 수나라가 요동(遼東)
을 침공한다는 소식을 듣고 수나라 군대의 길잡이를 자청하
기 위해서였다. 그렇지만 수나라 측에서는 이를 완곡하게 거
절해버렸다. "고구려가 공물을 바치지 않고 신하로서 예를

저버렸기에 죄를 물었더니, 고원(高元: 영양왕嬰陽王)의 군신(君臣)들이 두려워 복종해 왔기 때문에 이미 용서해서 그럴 필요가 없다"는 이유에서였다.

그래도 수나라에서는 백제 사신들을 후하게 대접하여 돌려보냈다. 그러나 백제는 이 사실을 안 고구려의 침공을 받아야 했다. 이해 12월에 위덕왕이 죽었다.

제28대 혜왕

혜왕(惠王)에 대해서는 이름이 계(季)고 성왕의 둘째 아들이라는 소개밖에 다른 기록이 없다. 위덕왕의 뒤를 이어 왕위에 올랐으나 바로 다음 해(599)에 죽었다. 그런데 혜왕에 대한 기록에 혼선이 있다. 『삼국유사』에는 혜왕이 위덕왕의 아들이라고 해놓았기 때문이다. 이는 『삼국유사』에서 위덕왕의 이름을 성왕의 이름인 명(明)이라고 써놓은 데서 일어난 혼선이라 보기도 한다.

그의 즉위에도 의문점이 있다. 위덕왕이 죽기 훨씬 전에 왜에 파견할 정도로 장성했던 아들 아좌가 있었는데, 왜 동생이 왕위를 이었느냐는 것이다. 이 때문에 혜왕이 왕위를 찬탈했다는 주장도 나온다.

그렇지만 이를 설명해줄 사료가 남아 있지 않다. 따라서 혜왕이 찬탈했을 가능성 역시 단순한 추측 이상이 될 수 없다. 아좌라는 왕자가 있었더라도 도중에 사망했을 가능성 또한 배제할 수 없는 등 여러 가지 가능성이 남기 때문이다.

혜왕의 치세에 대해서는 이름 외에는 알려진 바가 거의 없다. 단지 『일본서기』에 혜왕이 즉위한 해인 598년 9월, 백제에서 낙타 한 마리, 당나귀 한 마리, 양 두 마리, 흰 꿩 한 마리를 보냈다는 기록이 남아 있다.

제29대 법왕

혜왕이 죽고 뒤를 이은 왕이 법왕(法王)이다. 그는 혜왕의 맏아들로, 이름은 선(宣: 또는 효순孝順)이다. 『수서(隋書)』에는 혜왕이 아니라 위덕왕의 아들이라고 되어 있다.

즉위한 해인 599년 12월에 살생을 금지하는 명령을 내렸다. 그 결과 사냥을 하지 못하게 하느라 민가에서 기르는 매를 거두어 놓아주고, 고기잡이나 사냥 도구를 태워버리게 했다. 이는 살생을 금지하는 불교 신앙에 심취해 있었기 때문으로 보인다.

이 사실은 즉위한 다음 해의 행보에서 엿볼 수 있다. 600년(법왕 2) 정월에 왕흥사(王興寺) 건설을 시작했고, 30명

에게 승려가 되는 것을 허가했다. 이해 큰 가뭄이 들었을 때
도 법왕은 칠악사(漆岳寺)에 행차하여 비를 빌었다. 그러나
이러한 행보는 오래가지 않았다. 법왕이 얼마 후인 5월에 죽
었기 때문이다.

제30대 무왕

복잡해진 국제 정세

법왕의 아들인 무왕(武王)의 이름은 장(璋)이다. 풍채와 거동이 빼어났고, 호방하고 걸출한 사람이라고 기록되어 있다. 법왕이 즉위한 이듬해에 죽자 뒤를 이었다.

601년(무왕 2) 3월, 『일본서기』에는 왜에서 오도모노무라지쿠이(大伴連囓)를 고구려에 파견하는 동시에, 사카모토노오미누카테(坂本臣糠手)를 백제에 파견하여 "급히 임나를 구하라"고 했다 한다.

602년(무왕 3) 6월, 『일본서기』에는 전해에 고구려와 백제에 파견했던 오도모노무라지쿠이와 사카모토노오미누카테가 함께 백제를 통해 돌아왔다고 적어놓았다. 그런데 이해 왜의 왕자인 구메노미코(來目皇子)가 병에 걸리는 바람에 신라 정벌 계획을 포기했다 한다.

8월, 무왕은 신라의 아막성(阿莫城: 모산성母山城이라고도 했다) 포위 공략에 나섰다. 그러나 신라 측에서 정예 기병 수천 명을 보내 반격해 와서 백제군은 큰 소득 없이 돌아왔다. 뒤이어 신라는 소타성(小陀城), 외석성(畏石城), 천산성(泉山城), 옹잠성(甕岑城)의 네 성을 쌓고, 백제를 압박해 왔다.

무왕은 이에 대응하여 좌평 해수(解讐)에게 보병과 기병 4만 명을 주어 그 네 성을 공격하게 했다. 이때 신라 측에서는 장군 건품(乾品)과 무은(武殷)이 나섰다. 신라군의 반격을 받은 해수는 천산(泉山) 서쪽의 큰 진펄 가운데로 퇴각하여 군사를 매복시켜놓고 기습을 노렸다.

이를 몰랐던 무은은 갑옷 입은 군사 1,000명을 거느리고 진펄까지 추격해 왔다. 백제의 매복 부대는 이때를 노려 기습을 가했다. 갑자기 공격당한 무은이 말에서 떨어지며 신라군은 혼란에 빠졌다. 이때 무은의 아들 귀산(貴山)이 나섰다.

스승의 가르침에 "싸움터에서 물러남이 없어야 한다"라고 했다며, 자신의 말을 아버지에게 주고 즉시 소장(小將) 추항(箒項)과 함께 앞장서 백제군의 기습에 맞서 싸운 것이다.

이 행위가 신라 군사들을 자극하여 사기를 올렸고, 그 결과 백제군이 패배했다 한다. 기습으로 전황의 반전을 노렸던 해수는 겨우 죽음을 면한 채 혼자 돌아왔다고 되어 있다.

『일본서기』에는 10월에 백제 승려 관륵(觀勒)이 와서 역서(曆書), 천문지리 서적과 아울러 둔갑(遁甲), 방술(方術) 서적을 바쳤다고 한다. 왜에서는 서생(書生) 3, 4명을 선발하여 관륵에게 배우게 했다. 야코노후비토(陽胡史)의 선조인 다마후루(玉陳)는 역법(曆法)을, 오토모노스구리코소(大友村主高聰)는 천문과 둔갑을, 야마시로노오미히타치(山背臣日立)는 방술을 배워 익혔다.

3년 후인 605년(무왕 6) 2월, 백제는 각산성(角山城)을 쌓았다. 그리고 8월에 신라가 동쪽 변경을 침략해 왔다.

다음 해인 606년(무왕 7)에는 재해가 잇따랐다. 3월에 수도[王都]에는 흙이 비처럼 내려[雨土] 낮인데도 어두워졌다. 4월에 큰 가뭄 때문에 기근이 들었다.

607년(무왕 8)부터는 수나라에 대한 외교에 치중하기 시작했다. 이해 3월에 한솔(扞率) 연문진(燕文進)을, 또 좌평 왕효린(王孝隣)을 보내 조공하며 고구려를 쳐달라고 요청했다. 당시 수나라 황제이던 양제(煬帝)는 백제의 제의를 받아들이고 고구려의 움직임을 살폈다. 5월, 이러한 백제의 움직임을 감지했는지 고구려는 송산성(松山城)을 공격해 왔다. 이곳을 함락시키지 못하자 석두성(石頭城)으로 공략 목표를 바꾸었다. 고구려 측은 여기서 3,000명의 백제 백성을 사로잡아 돌아갔다.

608년(무왕 9) 3월에 다시 수나라에 조공 사절을 보냈다. 왜국에 사신으로 가던[奉使] 수나라 문림랑(文林郞) 배청(裴淸)은 백제의 남쪽 해로를 거쳐 갔다. 이 사건을 두고 『일본서기』에는 당(唐)에 파견되었던 오노노오미이모코(小野臣妹子)가 "귀국할 때 당의 황제가 준 국서를 백제에게 빼앗겼다"라는 보고를 올렸다. 왜의 조정에서는 "죽는 한이 있더라도 임무를 다하여야 할 사신이 태만했다"는 이유로 유배형[流刑]에 처했다. 그러나 천황이 "경솔하게 단죄할 수 없고, 대국의 손님들이 들으면 좋지 않을 것"이라며 죄를 묻지 않았다고 한다.

609년(무왕 10) 4월, 『일본서기』에는 "도흔(道欣)과 혜미(惠彌)를 우두머리로 한 백제 승려 10명과 70명의 백성이 히노미치노시리노쿠니(肥後國)의 아시키타(葦北) 나루에 도착했다"라는 보고가 올라왔다는 기록이 나온다. 그러자 천황은 도코마로(德摩呂)와 나노후비토타쓰(船史龍)를 보내어 온 이유를 물었다.

백제인들은 "왕의 명령으로 구레노쿠니(吳國)에 파견되었는데, 그 나라에 전란이 일어나 들어가지 못했다. 그래서 고

향으로 돌아가려고 하던 중 폭풍을 만나 표류하다가 이곳에 도착하게 되었다"고 대답했다. 천황은 두 사람을 다시 보내 백제 사람들을 돌려보내주도록 조치했다. 그런데 쓰시마에 이르자 이들 모두가 왜에 머물겠다고 요청하여, 이들을 간고지(元興寺)에 배치해주었다고 한다.

611년(무왕 12) 2월에도 백제는 수나라에 조공 사절을 보냈다. 그런데 이때는 적지 않은 성과를 거둘 수 있었다. 수나라 양제가 고구려 정벌에 나설 기미를 알아낸 무왕은 국지모(國智牟)를 보내 작전이 개시되는 시기를 알려달라고 요청했다. 이 요청을 받은 양제는 기뻐하며 상까지 후하게 주고 상서기부랑(尙書起部郎) 석률(席律)을 보내 무왕과 협의하게 했다.

8월에 적암성(赤嵒城)을 쌓고 나서, 10월에는 신라의 가잠성(椵岑城)을 포위·공략한 결과 성주 찬덕(讚德)을 죽이고 성을 함락시켰다.

612년(무왕 13) 수 양제가 고구려 침공에 나섰다. 무왕은 고구려와 국경에 병력을 배치하고 수나라를 지원한다고 했지만 실질적인 조치는 취하지 않았다. 이전에 중원 여러 나라에 고구려 견제를 요청했다가 이 정보가 고구려 측으로 흘러들어가는 바람에 곤욕을 치렀던 교훈을 살려 이런 식으로 이용한 셈이다.

무왕은 이렇게 고구려와 수나라의 전쟁에 말려들지 않고 백제의 국력을 보존했지만 재해는 피하지 못했다. 이해 4월에는 궁궐 남문에 벼락이 쳤다. 그리고 5월에는 홍수가 나서 민가가 떠내려가거나 물에 잠기는 사태가 생겼다.

무왕 때 왜에 파견된 백제인에 대한 이야기

『일본서기』에는 이해 612년 백제에서 귀화한 사람에 대한 이야기가 남아 있다. 그는 피부가 하얗게 되는 나병에 걸린 것 아니냐는 의심을 살 정도로 얼굴과 몸이 흰 반점으로 온통 뒤덮여 있었다. 왜인들이 이 사람을 꺼려 섬에 추방해버리려고 하자 그가 따졌다. "반점이 있는 것이 싫다면, 나라에서 흰 반점이 있는 소나 말도 기르지 말아야 한다. 또한 나는 산의 형태를 만드는 재주가 있으니 나를 기용한다면 도움이 될 것이다. 그런데도 헛되이 섬으로 추방해버릴 것인가?"라고 했다. 왜 조정에서는 그의 말을 듣고 추방하지 않았다.

또한 그를 기용하여 궁의 남쪽 정원(南庭)에 아미산(順彌山: 불교에서 세계의 중심에 가장 높이 솟아 있다고 여기는 산) 모양과 오교(吳橋: 아래로 배가 지나다닐 수 있도록 무지개 형태로 만든 다리)를 만들게 했다. 왜인들은 이렇게 능력을 발휘한 그를 노자공(路子工)이라 불렸고, 이름은 지기마려(芝耆摩呂: 시키마로)라고 했다.

이때 "오나라에서 기악(伎樂) 춤을 배웠다"는 백제인 미마지(味摩之: 미마시)도 귀화해 왔다. 왜 조정에서는 그를 사쿠라이(櫻井)에 살게 하고, 소년들을 모아서 그에게 춤을 배우게 했다. 마노노오비토데시(眞野首弟子)와 이마키노아야히토사이몬(新漢濟文) 두 사람이 그 춤을 익혀 후세에 전했다. 이들이 지금의 오치노오비토(大市首)와 사키타노오비토(辟田首) 등의 선조라 적어놓았다.

615년(무왕 16) 9월, 『일본서기』에는 전년에 당나라에 파견되었던 이누카미노키미미타스키(犬上君御田鍬)와 야타베노미야쓰코(矢田部造)가 귀국하면서, 백제 사신도 이들을 따라왔다고 되어 있다. 그리고 이들에 대한 접대를 11월 2일에 했다고 한다.

616년(무왕 17) 10월, 무왕은 달솔 백기(首奇)에게 군사 8,000명을 거느리고 신라의 모산성(母山城)을 공략하게 했다. 이 과정과 결과에 대한 언급은 없이, 11월 "수도[王都]에 지진이 일어났다"는 기록만 이어진다.

618년(무왕 19) 신라 장군 변품(邊品) 등이 가잠성(椵岑城)을 공격해 와서 수복해버렸다. 이 과정에서 백제의 해론(奚論)이 전사했다.

621년(무왕 22) 10월에 사신을 당나라에 보내 과하마(果下馬)를 바쳤다. 이와 함께 신라 공략 기록도 섞여 있다. 즉 당에 사신을 보내고 난 다음 신라를 공략하는 패턴이 나타나는 것이다.

일단 623년(무왕 24) 가을, 백제는 신라의 늑노현(勒弩縣)을 공략했다.

그리고 624년(무왕 25) 정월, 백제는 대신을 당나라에 조공 사절로 보냈다. 당 고조(高祖)는 그 성의에 보답하여 사신을 보내왔다. 그러면서 무왕을 '대방군왕(帶方郡王) 백제왕(百濟王)'으로 책봉해주었다. 이해 7월, 백제는 다시 당나라에 조공 사절을 보냈다. 그런 다음인 10월에 신라의 속함성(速含城), 앵잠성(櫻岑城), 기잠성(歧岑城), 봉잠성(烽岑城), 기현성(旗懸城), 용책성(冗柵城) 여섯 성을 공략하여 빼앗았다.

『일본서기』에는 이해 4월, 불교를 둘러싸고 일어난 해프닝에 대한 기록이 나온다. 이달 3일에 한 승려가 도끼로 조부를 때리는 사건이 일어났다. 이 사건을 보고 받은 천황은 대신을 불러, "출가한 자는 계율을 지켜야 함에도 경솔하게 악한 일을 범하는 일이 일어났다고 하니, 조사해서 사실이면 중벌을 내릴 것"이라 선언했다. 그러고는 조사한 다음 악한 일을 저지른 승려뿐 아니라 모든 승려와 비구니를 다 벌주려 했다.

그때 백제의 승려 관륵이 나섰다. "불법은 인도에서 중국을 거쳐 백제에 전해진 지 겨우 100년밖에 지나지 않았고, 백제가 왜에 전한 지도 100년이 못 되었습니다. 그래서 지금 승려와 비구니 들이 법과 계율을 잘 익히지 못하고 쉽게 악행을 저지르는 일이 있어 모두가 몹시 두려워하고 있습니다. 그러니 악행을 저지른 자 이외에는 벌주지 않기를 바랍니다. 이것도 큰 공덕입니다"라는 주장을 폈다.

천황은 이를 받아들이며 "출가한 사람이 법을 지키지 않는다면 보통 사람들을 가르쳐 선도할 수 있겠는가? 앞으로는 승정(僧正), 승도(僧都)를 임명하여 감독하겠다"는 견해를 밝혔다. 그 결과 관륵을 승정으로, 구라쓰쿠리노토쿠사쿠(鞍部德積)를 승도로, 아즈미노무라지(阿曇連)를 법두(法頭: 승정과 승도를 도와 불교를 통제하는 요원)로 삼았다.

이는 천황이 일부 승려의 악행을 빌미로 불교계를 통제할 체제를 짜나가는 과정을 설화적으로 기록해놓았다고 해석할 수 있다. 이럴 때 백제 승려 관륵이 중요한 역할을 하고 있었다는 사실에서 일본 불교에 대한 백제의 영향력을 가늠해볼 수 있다.

무왕의 신라 압박

다음 해인 625년(무왕 26) 11월에 무왕은 또다시 사신을 당나라에 보내 조공했다. 626년(무왕 27)에도 당나라에 사신을 보내 명광개(明光鎧)를 바쳤다. 그러면서 고구려가 당나라 [上國]에 조공하는 길을 막는다고 호소했다. 이에 당 고조는 산기상시(散騎常侍) 주자사(朱子奢)를 보내와 백제와 고구려가 화해하도록 촉구했다. 고구려를 압박하는 데 당을 이용하려던 계획이 무산되자, 무왕은 8월에 신라의 왕재성(王在城)을 공략하여 성주 동소(東所)를 붙잡아 죽였다. 그리고 12월 또 당나라에 조공 사절을 보냈다.

627년(무왕 28) 7월에 무왕은 다시 신라 공략에 나섰다. 장군 사걸(沙乞)에게 신라 서쪽 변경의 두 성을 공략하게 하여 함락시키고 남녀 300여 명을 사로잡았다. 무왕은 이에 그치지 않고 신라에 빼앗긴 땅을 수복하려고 대규모 군대를 웅진(熊津)으로 집결시켰다. 신라의 진평왕(眞平王)은 사태가 심각함을 느끼고 당나라에 사신을 보내 호소했다. 이를 알게 된 무왕은 신라 침공을 중지시켰다.

그리고 난 8월, 무왕은 조카 복신(福信)을 당나라에 조공 사절로 보냈다. 그러자 당 태종(太宗)은 "신라 왕의 말에 따르면 자꾸 자신의 나라에 쳐들어온다고 하는데, 짐의 뜻에 어긋나는 일이다. 짐이 화해하도록 한 바 있으니, 지난날의 원한을 잊고 즉시 싸움을 그치라"는 뜻을 전해 왔다.

무왕은 그 뜻에 따른다고 했지만 실제로는 신라에 대한 압박을 멈추지 않았다. 바로 다음 해인 628년(무왕 29) 2월, 신라의 가봉성(椵峯城)을 공략한 것이다. 그러나 이 공세에서는 별 수확을 거두지 못하고 돌아왔다. 그러면서도 629년(무왕 30) 9월, 또다시 당나라에 조공 사절을 보냈다.

630년(무왕 31) 2월에는 사비의 궁궐을 수리하며 웅진성으로 옮겼다. 그렇지만 여름에 가뭄이 들어 사비의 공사를 그만두고 7월에 웅진에서 돌아왔다.

『일본서기』에는 이해 3월 1일에 고구려의 대사(大使) 연자발(宴子拔)과 소사(小使) 약덕(若德)이 백제의 대사 은솔 소자(素子)와 소사 덕솔 무덕(武德) 등과 함께 조공을 바치러 왔다고 기록되어 있다. 왜 조정에서는 8월 초하루 조당(朝堂)에서 고구려와 백제의 사신에게 연회를 베풀었다. 그리고 고구려와 백제의 사신들은 다음 달인 9월 자기 나라로 돌아갔다고 한다.

631년(무왕 32) 9월에는 당나라에 조공 사절을 보냈다.『일본서기』에는 이해 "백제 의자왕(義慈王)이 왕자 풍장(豊章)을 인질로 보냈다"고 되어 있다. 그러나 이때는 의자왕이 아니라 무왕의 집권 시기이므로 『일본서기』쪽에 뭔가 착오가 있었던 것으로 본다.

632년(무왕 33) 정월에 맏아들 의자(義慈)를 태자로 책봉했다. 그리고 다음 달인 2월에 마천성(馬川城)을 수리한 다음, 7월에 신라를 침공했으나 큰 전과를 얻지 못했다. 이런 상황에서 무왕은 생초(生草)의 벌판으로 사냥을 나갔다. 12월에는 사신을 당나라에 조공 사절로 보냈다.

633년(무왕 34) 8월, 왕은 장수를 보내 신라의 서곡성(西谷城)을 공격했다. 그 결과 13일 만에 성을 함락시켰다.

634년(무왕 35) 2월에 왕흥사(王興寺)가 완성되었다. 강가에 세워진 그 절은 채색과 장식이 장엄하고 화려했다고 전한다. 무왕은 배를 타고 절에 들어가 부처에게 향(香)을 바치는 의식을 치르곤 했다. 3월에는 궁궐 남쪽에 못을 파고 20여 리 밖에서 물을 끌어들였으며, 네 언덕에는 버드나무를 심고 물 가운데는 섬을 만들었다. 이렇게 만들어진 섬은 중국 전설 속 신선들의 세계라는 방장선산(方丈仙山)에 비견되었다.

635년(무왕 36) 6월,『일본서기』에는 백제가 달솔 유(柔) 등을 보내 조공을 바쳤고, 다음 달인 7월 7일에 조정에서 이들에게 향응을 베풀어주었다고 한다.

636년(무왕 37) 2월에는 다시 당나라에 조공 사절을 보냈다. 3월이 되자 무왕은 측근 신하들을 거느리고 사비하(泗沘

河)의 북쪽 포구에서 연회를 베풀었다. 포구의 양쪽 언덕에
는 기이한 바위와 돌[奇巖怪石]이 서 있고, 기이한 화초가 나
있어 그림 같았다. 왕은 술을 마시자 기분이 좋아져 북을 치
고 거문고[琴]를 타며 직접 노래를 불렀고, 수행한 자들도 여
러 차례 춤을 추었다. 당시 사람들은 그곳을 대왕포(大王浦)
라 불렀다 한다.

5월, 무왕은 장군 우소(于召)에게 중무장한 군사 500명을
주어 신라의 독산성(獨山城)을 습격하게 했다. 우소가 옥문곡
(玉門谷)에 이르러 날이 저물자, 안장을 풀고 병사들에게 휴
식을 취하게 하고 있는데 신라 장군 알천(閼川)이 기습해 왔
다. 우소는 큰 돌 위에 올라가 활로 저항했으나 화살이 떨어
져 사로잡혔다. 6월에 가뭄이 들었음에도, 8월에는 망해루(望
海樓)에서 신하들에게 잔치를 베풀었다.

637년(무왕 38) 2월과 3월에 서울[王都]에 지진이 일어났
다. 12월에는 사신을 당나라에 보내 철제 갑옷과 조각한 도
끼[彫斧]를 바쳤다. 당나라 태종이 백제 사신들을 후하게 대
접하고 비단 도포[錦袍]와 채색 비단 3,000단(段)을 내려주었
다. 638년(무왕 39) 3월에 왕은 빈(嬪)과 함께 큰 못에 배를 띄
우고 놀았다.

638년(무왕 39), 『일본서기』에는 "이해에 백제, 신라, 임나
가 나란히 조공해 왔다"고 되어 있다.

639년(무왕 40) 10월에 또 사신을 당나라에 보내 금제 갑옷과 조각한 도끼를 바쳤다. 그러고 난 다음 해인 640년(무왕 41) 정월, 살별[星孛]이 서북쪽에 나타났다. 이해 2월에 백제 왕자[子弟]를 당나라에 보내 국학(國學)에 입학시켜달라고 요청했다.

같은 해 7월에 왜에서는 "백제천(百濟川) 옆을 궁터로 해서 금년에 큰 궁과 절을 지으라"는 명령이 내려졌다. 그래서 후미노아타히아가타(書直縣)를 대장(大匠)으로 삼아 공사를 시작해서, 서쪽의 백성은 궁을 짓고 동쪽의 백성은 절을 짓도록 분담시켰다고 한다. 그리고 이해 12월, "백제천 옆에 9층탑을 세웠다"는 기록이 나타난다.

640년(무왕 41) 10월, 『일본서기』에는 당에 파견되었던 승려와 유학생이 신라를 통해 돌아오면서, "백제와 신라의 조공 사절이 함께 따라왔다"고 되어 있다. 왜에서는 이들에게 "각각 작(爵) 1급을 주었다"고 한다. 그리고 같은 달 천황이 백제궁으로 옮겼다는 말도 나온다.

641년(무왕 42) 3월에 왕이 죽었다. 시호를 무(武)라고 정했다. 백제 사신이 당나라에 들어가 소복을 입고 표를 받들어 "임금의 외신(外臣)인 부여장(扶餘璋)이 죽었습니다"라고 알렸다. 당 태종은 현무문(玄武門)에서 애도식을 거행하고 조서를 내렸다. 이와 함께 무왕에게 광록대부(光祿大夫) 벼슬을 더해주고 부의(賻儀)를 후하게 보내주었다.

그리고 같은 해 10월 왜에서도 일본 천황이 백제궁에서 죽었다. 그래서 그달 병오(丙午: 18일)에 궁 북쪽에 "백제의 대빈(大殯)"이라 부르는 빈궁(殯宮)을 설치했다 한다.

제31대 의자왕

의자왕 초기의 정국

의자왕(義慈王)은 무왕의 맏아들이다. 무왕이 즉위한 지 33년째 되는 해에 태자로 삼았다. 이후 무왕이 죽자 왕위를 이었다. 641년 의자왕이 즉위하자 당나라 태종은 사부랑중(祠部郞中) 정문표(鄭文表)를 보내 '주국(柱國) 대방군왕(帶方郡王) 백제왕(百濟王)'으로 책봉해주었다. 의자왕은 그 답으로 즉위한 해 8월, 사신을 당나라에 보내 감사의 뜻을 표하고 아울러 토산물을 바쳤다.

현대를 살아가는 많은 사람들의 뇌리에 남아 있는 의자

왕의 이미지와 달리 당대에는 의자왕의 됨됨이에 대해 매우 후하게 평가했다. 『삼국사기』에서부터 "용감했으며 담력과 결단력이 있었다. 어버이를 효성으로 섬기고 형제와는 우애가 있어서 당시에 해동증자(海東曾子)라고 불렀다"라고 되어 있다.

백제를 멸망시킨 당사자였던 당나라의 역사서인 『구당서(舊唐書)』「백제전(百濟傳)」 역시 마찬가지다. "의자(義慈)는 효행으로 부모를 섬겨 이름이 알려졌고, 형제와도 우애가 깊어 당시 사람들이 해동의 증(曾)·민(閔)[증삼曾參과 민손閔損: 중국 춘추시대春秋時代의 대표적인 효자]이라 불렀다"고 전한다.

이 기록은 백제를 멸망시킨 나라의 역사서에 나타나는 내용이다. 같은 역사서에서 백제라는 나라가 망할 수밖에 없음을 힘주어 강조한 태도에 비해, 의자왕 개인에 대한 평가는 후한 편이다. 시대가 조금 지나서 마영이(馬永易)나 임동(林同) 같은 송(宋)나라 때 사람들도 효시(孝詩)를 써서 의자왕을 찬양하고 있다. 의자왕의 아들인 부여융(夫餘隆) 묘지에 새겨진 기록에도, 과단성 있고 침착하다는 명성이 자자했으며 성품이 고고했다고 적혀 있다. 말년에라도 의자왕의 정치가 엉망이었다면, 그에 대한 평가가 후대에 이렇게까지 후하게 남기는 어려웠을 것이다. 그런 만큼 그의 정치적 행적을 다시 돌아볼 필요가 있다.

642년(의자왕 2) 정월, 왕은 당나라에 조공 사절을 보냈다. 그리고 같은 달 『일본서기』에는 백제에 사신으로 파견되었던 아즈미노무라지히라부(阿曇連比羅夫)의 보고 형태로 다음과 같은 기록이 남아 있다. 그가 쓰쿠시노쿠니(筑紫國)에서 역마(驛馬)를 타고 달려와 "백제국에서 천황이 죽었다는 말을 듣고 조의를 표하는 사절을 보내왔고, 나는 이들과 함께 쓰쿠시에 도착했습니다. 나는 장례에 참석하려는 생각에 백제 사절단보다 먼저 왔으며, 지금 백제에는 큰 난리가 났습니다"고 전했다. 그런데 『삼국사기』 등 다른 기록에는 이 무렵 백제에 무슨 문제가 있었다는 기록이 보이지 않는다. 이런 사정으로 보아 『일본서기』 기록에 신빙성을 두기는 어려울 것이다.

다음 달인 2월의 기록에도 비슷한 양상이 나타난다. 『삼국사기』에는 "나라의 주·군(州郡)을 돌아다니면서 살피고, 사형당할 죄[死罪] 이외의 죄를 지은 죄수를 모두 용서해주었다"는 기록만 나타난다.

그러나 『일본서기』의 내용은 조금 다르다. 같은 달 왜 조정에서는 아즈미노야마시 로노무라지히라부(阿曇山背連比羅夫)와 구사카베노키시이하카네(草壁吉士磐金), 야마토노아야노후미노아타이아가타(倭漢書直縣)를 백제의 사절들에게 보내어 사정을 물었다. 그러자 백제 사절들은 의자왕의 말이라며 "왕족인 새상(塞上: 새성塞城 또는 충성忠誠. 백제 멸망 후에는 백제 부흥군의 수장이 된 부여풍扶餘豊과 같이 귀국했다. 부여풍의 동생이라는 설과 숙부라는 설이 있다)이 나쁜 짓을 하고 있어 백제로 소환하려 해도 천황이 허락하지 않을 것이다"라고 전했다.

여기에 더하여 백제 사절의 수행원[傔人]들이 전해준 이야기도 같이 적혀 있다. 왜 측에서는 수행원들을 통해 "작년 11월에 대좌평 지적(智積)이 죽었고, 백제 사신이 곤륜(崑崙 또는 崑崙) 사신을 바다에 던져 넣었다. 금년 정월에는 국왕의 어머니가 죽고, 왕자인 교기(翹岐)와 누이동생 4명, 내좌평(內佐平)인 기미(岐味), 그 외에 고위층 40여 명이 섬으로 추방되었다"라는 정보를 얻었다.

그리고 같은 달 22일에 고구려와 백제의 사신을 니하노코호리(難波郡)에서 대접했다. 이때 왜 천황은 쓰모리노무라지오아메(津守連大海)를 고구려에, 구니카쓰키시쿠히나(國勝吉士水鷄)를 백제에, 구사카베노키시마토(草壁吉士眞跡)를 신라에, 사카모토노키시나가에(坂本吉士長兄)를 임나에 파견하라는 명령을 내렸다.

그런데 여기서 혼선을 빚게 하는 내용이 나온다. 다음 날 천황은 의자왕이 섬으로 추방했다고 하는 교기를 아즈미노아마시 로노무라지히라부의 집에 머물게 하는 조치를 취했다. 고구려와 백제의 사신은 25일에도 대접받은 뒤 이틀 후에 함께 귀국길에 올랐다.

4월 8일에는 교기가 종자를 데리고 천황을 만났고, 10일에는 왜의 실세였던 소가노 에미시(蘇我蝦夷)가 우네비(畝傍)의 집에 교기 일행을 초청했다. 이때 소가노 에미시는 교기 일행을 친히 대접하고 좋은 말 1필과 철정 20개를 주었으나, 새상은 부르지 않았다고 한다.

5월 5일에는 가후치노쿠니(河內國)의 요사미노미야케(依網屯倉)로 교기 일행을 불러 활로 사냥을 했다. 16일에는 백제 측에서 보낸 사신[調使]의 배와 백제에 파견되었던 왜 사신 기시(吉土)의 배가 함께 도착했다. 18일에는 백제 사신이 가져온 방물을 바쳤다. 이때 같이 왔던 기시가 복명했다.

21일에 교기의 종자 1명이, 그리고 다음 날에는 교기의 아들이 죽었다. 이때 교기와 그 처는 아들의 장례식에 참여하지 않았다. 이를 두고 『일본서기』에서는 백제나 신라에 부모나 부부, 형제자매라 할지라도 죽은 자의 장례에 참석하지 않는 풍습이 있다면서, 짐승과 다를 바 없는 일이라며 비판하고 있다. 왜의 태도와 상관없이 교기는 24일 처자를 데리고 백제대정(百濟大井)의 집으로 이사하고, 사람을 시켜 죽은 아들을 석천(石川)에 매장했다.

이해 642년(의자왕 2) 7월에는 의자왕이 친히 군사를 거느리고 신라를 쳐서 미후성(彌猴城) 등 40여 성을 함락시켰다.

『일본서기』에는 이달 22일에 왜 조정에서 백제의 사신 대좌평 지적 등에게 향응을 베풀었다고 한다. 다른 책에는 지적뿐 아니라, 그 아들인 이름 모를 달솔과 은솔 군선(軍善)도 참석했다는 이야기를 적어놓았다. 이 자리에서 건장한 사람들에게 교기 앞에서 씨름을 하도록 명령을 내렸다. 연회가 끝나고 물러간 지적 등은 교기의 집에 들러 인사했다.

한편 8월에는 장군 윤충(允忠)에게 1만 명의 병력을 거느리고 신라의 대야성(大耶城)을 공격하게 했다. 대야성 성주 품석(品釋)이 처자와 함께 나와 항복했지만, 윤충은 그들을 모두 죽이고 그 머리를 베어 백제의 수도[王都]로 보냈다. 그리고 대야성에서 사로잡은 남녀 1,000여 명은 백제 서쪽의 주·현(州縣)에 나누어 살게 했다. 빼앗은 대야성에는 병력을 남겨두었다. 의자왕은 말 20필과 곡식 1,000섬을 주어 윤충의 공로를 포상했다.

『일본서기』에는 이달 6일에 백제 사신 참관 등이 귀국하려 하자 왜 측에서 큰 배와 동선(同船: 모로키후네) 3척을 주었다고 나온다. 이날 한밤중에 서남쪽에서 천둥이 울리고 바람이 불며 비가 내렸다. 이 때문에 참관 등이 탄 배가 해안에 부딪쳐 부서졌다. 13일에는 백제에서 보낸 달솔 장복(長福)에게 소덕(小德) 관위를 내리고 중객(中客) 이하 요원에게 작위 1등급과 함께 차등을 두어 물건을 주었다. 그리고 15일,

지난번 배가 부서지는 사고를 당했던 백제의 참관 등에게 다시 배를 제공하여 출발하게 했다. 26일에는 백제와 신라 사신이 귀국했다고 한다. 9월 3일에는 천황이 백제대사(百濟大寺)를 짓겠다며 오미(近江)와 고시(越)의 인부를 징발하라는 명을 내렸다.

이런 상황 전개를 볼 때 의자왕 즉위 직후 백제 정국에 이상 징후가 보인다고 하기는 어려울 듯하다. 특히 많은 사람들이 정국 혼란의 근거로 삼았던 왕족 교기의 숙청에 대해서도 근거 자료인 『일본서기』의 내용이 오락가락하고 있음이 분명하게 드러난다. 따라서 이런 내용을 의자왕 즉위 초 백제 정국이 혼란스러웠다는 근거로 삼기는 타당하지 않을 것이다.

의자왕의 외교와 국제관계

643년(의자왕 3) 정월에 백제는 당나라에 조공 사절을 보냈다. 『일본서기』에는 이해 3월 13일에 백제 사신이 묵는 나니와의 관당(館堂: 접대를 위한 숙박 시설)과 백성의 집에 불이 났다고 기록한다. 다음 달인 4월 21일에는 쓰쿠시의 다자이후(大宰府)에서 급하게 "백제 왕의 아들 교기와 왕의 아우가 사절들과 함께 도착했다"라는 보고를 올렸다.

6월 23일에도 조(調)를 바치는 백제의 배가 나니와에 도착했다고 적어놓았다. 7월 3일, 왜 조정에서는 몇 명의 요인을 니하노코호리에 파견하여 백제에서 보내 온 물건을 점검시켰다. 그리고는 백제 사신에게 "보내온 물건이 이전보다 적으며, 소가노 에미시에게 보내는 물건도 지난해에 돌려보낸 것과 달라진 것이 없다. 또한 왜의 대신들에게 보내는 물건은 전혀 없다. 전례에 어긋나는데 어찌된 일이냐"고 따졌다. 그러자 백제 대사(大使) 달솔 자사(自斯)와 부사(副使) 은솔 군선(軍善)은 "즉시 처리하겠다"고 대답했다. 자사는 왜에 인질로 온 달솔 무자(武子)의 아들이라고 적어놓았다.

또 이해에 백제의 태자 여풍(餘豊)이 꿀벌을 키울 벌통 4개를 미와야마(三輪山)에 풀어놓았다. 그러나 결국 양봉에는 성공하지 못했다.

11월에는 고구려와 협조하여 신라의 당항성(黨項城)을 빼앗으려 했다. 군대를 출동하여 공격하자 신라 왕 덕만(德曼: 선덕여왕善德女王)이 조공하는 길이 막힌다며 당나라에 사신을 보내 구원을 요청했다. 이 소식을 듣고 압력을 느낀 의자왕은 군대를 철수시켰다.

644년(의자왕 4) 정월에 다시 당나라에 조공 사절을 보냈다. 당 태종은 사농승(司農丞) 상리현장(相里玄奬)을 보내 고구려와 백제 두 나라에 신라를 침공하지 말도록 설득했다. 의자왕은 당에서 보낸 표(表)를 받아들이며 사례했다. 그리고 왕자 융(隆)을 태자로 삼고 대규모 사면령을 내렸다. 9월에는 백제의 양보에도 불구하고 신라 장군 김유신(金庾信)이 군사를 이끌고 쳐들어 와서 일곱 성을 빼앗았다.

645년(의자왕 5) 5월, 왕은 당 태종이 친히 고구려를 정벌하면서 신라의 지원을 받았다는 소식을 듣고 신라의 허점을 노려 기습을 감행했다. 그 결과 일곱 성을 빼앗았다. 신라에서는 김유신을 앞세워 반격해 왔다.

『일본서기』에는 이해 7월 10일에 고구려·백제·신라가 함께 조공 사절을 보내왔다고 되어 있다. 이때 백제의 조공 사절[調使]이 임나의 사신을 겸하여 임나의 조를 바쳤다고 한다. 그리고 백제의 대사(大使)였던 좌평 연복(緣福)은 병이 나서 진(津)의 객관에 머물며 왕경에 들어오지 못했다.

왜의 고세노토코다노오미(巨勢德太臣)는 고구려의 사신에게 아키쓰미카미토아메노시타시라스야마토노스메라미코토(明神御宇日本天皇)의 말을 전한 뒤, 곧바로 백제 사신에게도 천황의 말을 전했다. "우리 먼 선조 시대에 백제를 내관가(內官家)로 삼은 것은 세 가닥의 끈을 하나로 꼰 것과 같은 것이다. 그 와중에 임나를 백제 소속으로 바꾸어준 다음 미와노쿠루쿠마노키미(三輪栗隈君東人)를 보냈고, 백제 왕은 그 영역을 모두 보여주었다. 그런데도 조(調)를 빠뜨린 경우가 있어서 돌려보낸 것이다. 임나에서 나는 물건은 천황이 훤히 아는 바이니 앞으로는 그 국명과 조의 내용을 상세히 표기하도록 해라. 좌평 등은 초심을 잃지 말고 빨리 명확하게 보고하라. 그런 뜻에서 지금 미와노쿠루쿠마노키미와 우마카히노미야쓰코마사조(馬飼造)를 보낸다는 명을 내렸다"는 것이다. 여기에 더하여 "귀부(鬼部) 달솔 의사(意斯)의 처자 등을 보내겠다"는 뜻도 전했다고 한다. 물론 이 내용은 왜가 백제를 속국으로 거느리고 있었다는 식의 황국사관에 젖은 내용이라 그다지 신빙성을 두지 않는다.

8월 8일에는 왜 천황이 사신을 대사(大寺: '백제대사百濟大寺' 또는 '아스카데라飛鳥寺'로 추정한다)에 파견하여 그곳 승려들에게 전한 이야기가 적혀 있다. 이때 사신은 승려들을 불러 모아놓고 시키시마노미야니아메노시타시라시메시시스메라미코토(磯城嶋宮御宇天皇) 13년, 백제 성왕이 불교를 왜에 전하던 이야기를 꺼냈다. 이때 왜의 대신들은 불교가 전해지는 것을 꺼렸지만 소가노이나메노스쿠네(蘇我稻目宿禰)만이 받아들여, 천황이 그에게 불법을 받들게 했던 이야기를 상기시켰던 것이다.

오사타노미 야니아메노시타시라시메시시스메라미코토(譯語田宮御宇天皇) 시대에는 소가노우마코노스쿠네(蘇我馬

子宿禰)가 돌아가신 아버지의 뜻을 이어받아, 다른 대신들은 받아들이지 않는 불교의 명맥을 이어갔다. 오하리다노미야 니아메노시타시라시메시시스메라미코토(小墾田宮御宇天皇) 시대에는 소가노우마코노스쿠네가 천황을 위해 장육불상(丈六佛象)을 만들어 불교를 포교하고 승려들을 공경했으니, 슈고천황(推古天皇) 자신도 불교 포교에 박차를 가하고자 한다는 뜻을 밝힌 것이다.

이를 위한 조치로 승려 고마노다이호후시(狛大法師), 후쿠랴우(福亮), 에운(惠雲), 쟈우안(常安), 랴우운(靈雲), 에시(惠至), 민(旻), 다우토우(道登), 에린(惠隣), 에메우(惠妙)를 십사(十師)로 삼았다. 이 중에서도 에메우를 백제사(百濟寺)의 사주(寺主)로 삼았다는 점이 강조되었다. 이와 함께 절을 세울 때 사정이 어려우면 천황이 도와주겠다고 했다.

선심 쓰는 것처럼 선언했지만 사사(寺司)와 사주(寺主)를 임명해서 "여러 절의 사정을 보고하라"는 명을 내리는 점을 보면, 이들을 통해 불교를 포교하면서 승려들을 통제하려 한 것으로 볼 수 있다. 그리고 후속 조치로 구메노오미(來目臣), 미와노시코부노키미(三輪色夫君), 누카타베노무라지오히(額田部連甥)를 법두(法頭)로 삼았다.

646년(의자왕 6) 2월, 『일본서기』에는 고구려·백제·임나·신라가 나란히 사신을 보내 조공품을 바쳤다고 되어 있다.

이렇게 의자왕 초기 당과 왜는 물론 고구려·신라와 관계를 살펴봐도 의자왕의 외교에 큰 무리가 있었다고 할 만한 내용은 보이지 않는다. 오히려 당의 요구를 받아들여 신라 침공을 중지하는 등 유연한 모습을 보여주기까지 했다.

신라와 갈등 악화와 백제-왜 관계

647년(의자왕 7) 10월에 장군 의직(義直)이 신라의 무산성(茂山城) 아래에 보병과 기병[步騎] 3,000명을 배치해놓고, 병력을 나누어 감물성(甘勿城)과 동잠성(桐岑城) 두 성을 공격했다. 신라에서 김유신이 직접 군대를 지휘하여 결사 저항하는 바람에 의직은 대패하고 말 한 필에 의지해서 혼자 돌아왔다고 한다.

648년(의자왕 8) 2월 1일, 『일본서기』에는 왜에서 삼한(三韓: 삼한은 고구려, 백제, 신라를 말한다고 되어 있다)에 학문승(學問僧)을 파견했다는 기록이 나온다. 3월에는 의직이 신라의 서쪽 변방인 요거성(腰車城) 등 10여 성을 습격하여 빼앗으며 설욕했다. 4월에는 옥문곡(玉門谷)으로 군대를 보냈지만 신라 장군 김유신과 두 번의 전투를 치러 큰 패배를 맛보았다.

649년(의자왕 9) 8월, 왕은 좌장(左將) 은상(殷相)에게 정예 군사 7,000명을 주어 신라의 석토성(石吐城) 등 일곱 성을 공격하도록 시켰다. 그리고 결국 이 성들을 빼앗았다. 그러자 신라 측에서 유신(庾信)·진춘(陳春)·천존(天存)·죽지(竹旨) 등이 반격해 와 사태가 불리해졌다. 그러자 은상은 흩어진 군사들을 수습하여 도살성(道薩城) 아래에 진을 치고 다시 싸웠으나 또 패배했다. 이런 일이 있고 난 다음인 11월에 우레가 치고 얼음이 얼지 않았다.

650년(의자왕 10) 2월 9일, 『일본서기』에 혈호국사(穴戶國司) 구사카베노무라지시코부(草壁連醜經)가 흰 꿩을 바치며 일어난 에피소드가 적혀 있다. 구사카베노무라지시코부는 "니에(贄)가 정월 9일에 워노야마(麻山)에서 잡아 왔습니다"라는 보고와 함께 흰 꿩을 바쳤다.

천황이 이를 구다라노키미(百濟君: 풍장豊璋[부여풍]을 가리킨다고 본다)에게 말하자, 구다라노키미는 "후한(後漢) 명제(明帝) 때인 영평(永平) 11년 흰 꿩이 나타난 적이 있습니다"라고 했다. 승려들에게도 그 의미를 묻자, 이들은 "지금까지 본적 없지만 천하에 은혜를 베풀어 백성들의 마음을 기쁘게 하면 좋을 것"이라는 답을 내놓았다 한다.

이 중 다우토우 법사는 "옛날 고구려에서 절을 지으려고 여러 곳을 둘러볼 때, 흰 사슴이 나타난 땅에 절을 세워 백록원사(白鹿薗寺)라고 이름 붙인 적이 있습니다. 또 흰 참새가 어느 절 소유의 땅에 나타나기도 했고, 당나라에 파견한 사신이 죽은 삼족오(三足鳥)를 가지고 오기도 했습니다. 이러한 미물을 보고 고구려 사람들이 '길조(吉鳥)'라 하는데, 흰 꿩은 더 말할 필요가 없습니다"라는 뜻을 밝혔다.

민 법사는 "보기가 매우 드문 길조"라며 "통치자가 도리를 지키고 청렴하고 검소하여 그 덕이 사방에 두루 흘러넘칠 때 흰 꿩이 나타납니다. 주(周)의 성왕(成王) 때 월상씨(越裳氏)가 와서 흰 꿩을 바치며 '나라의 노인이, 3년째 재해가 일어나지 않는 원인은 중국에 성인이 계시기 때문이니 입조하여 모셔야 한다는 이 말을 듣고 먼 길을 온 것입니다'라고 한 적도 있습니다. 진(晉)의 무제(武帝) 때인 함녕(咸寧) 원년에도 송자(松滋)에 흰 꿩이 나타났다고 들었습니다. 이번에 나타난 흰 꿩은 길조이니 천하에 은혜를 내리시는 것이 좋을 것입니다"라고 말했다. 그래서 흰 꿩을 들에 풀어주었다고 한다.

그런데 꿩을 풀어준 바로 다음인 이달 15일에 꿩을 가지고 의식을 치렀다는 기록이 나타난다. 이 행사에 백제군 풍장(百濟君豊璋)과 그 아우 새성(塞城), 충승(忠勝), 고구려의 시의(侍醫) 모치(毛治), 신라의 시학사(侍學士) 등이 참석했다고 기록되어 있다.

651년(의자왕 11), 당나라에 조공 사절을 보냈다. 이때 보냈던 백제 사신이 돌아올 때 당나라 고종(高宗)의 새서(璽書: 임금의 교서教書)를 가지고 왔다. 거기에는 신라를 더 이상 침략하지 말라는 요구가 쓰여 있었다. 당에서는 이에 더하여 신라 사신 김법민(金法敏)이 "백제가 빼앗아 간 신라 땅을 돌려주면 화해하겠지만 그렇지 않으면 군사를 일으켜 되찾겠다"고 했다는 말도 전했다.

신라의 관점이 타당하고, 천자로서 평화를 유지해야 하기 때문에 지지하지 않을 수 없다는 것이다. 요구한 대로 신라와 화해하지 않으면 신라와 전쟁을 방치할 것이며, 더 나아가 고구려가 백제를 지원하지 못하도록 하겠다는 위협도 더해졌다. 당의 요구에 의자왕이 보인 반응에 대해서는 기록이 없다. 그렇지만 다음 해인 652년(의자왕 12) 정월에 백제의 조공 사절이 당나라에 파견되었다. 『일본서기』에는 이런 와중인 651년(의자왕 11) 6월과 652년 4월, 또 653년 6월에 백제와 신라가 사신을 보내 조공품을 바쳤다고 되어 있다.

653년(의자왕 13) 봄에는 큰 가뭄이 들어 백성들이 굶주렸다. 8월에는 왜와 우호를 다졌다. 여기까지는 몇 가지 재해와 전술적인 패배 이외에 의자왕의 통치에서 큰 문제가 나타나지 않는다. 집권 초기 의자왕의 정치 행보에 의구심을 제기하는 현대 연구자는 별로 없다. 그럴 만큼 의자왕은 즉위한 이래 말년까지 무리 없이 통치해나갔다고 할 수 있다.

왜와 관계 역시 무난하게 유지되고 있었던 듯하다. 『일본서기』에는 654년(의자왕 14) 7월 24일에 기시노나가니(吉土長丹) 등이 백제·신라의 사신과 함께 쓰쿠시에 이르렀고, 이해에 고구려·백제·신라가 함께 사신을 보내 조문했다고 되어 있다. 기록 자체가 신빙성은 없지만, 이렇게 상습적으로 백제와 관계가 채워져 있다는 점은 특별한 파행이 없었다는 뜻이 될 수 있다.

어지러워진 백제 정국?

이전까지 큰 문제가 나타나지 않던 의자왕의 통치에 문제가 보인다고 지적되어온 것이 마지막 5년의 치세다. 여기서부터는 이전과 달리 백제의 정치에 이상 증세가 보인다고 여기는 경우가 많다. 그 시발점이 655년(의자왕 15)부터다. 이해 2월, 의자왕은 태자궁(太子宮)을 극히 사치스럽고 화려하게 수리했다. 그리고 왕궁 남쪽에 망해정(望海亭)을 세웠다. 그러자 5월에 "붉은 말[騂馬]이 북악(北岳)의 오함사(烏含寺)에 들어가 울면서 법당[佛宇]을 돌다가 며칠 만에 죽어버리는" 일이 일어났다고 한다.

이를 의자왕이 사치에 빠지는 징조의 근거로 보는 경우가 많다. 즉위한 후 제법 훌륭한 업적을 쌓아온 의자왕이 자만에 빠져 궁궐과 정자를 화려하게 세우는 사치에 물들기 시작했다는 것이다. 이에 따라 붉은 말이 이상한 행동을 하다가 죽은 것을 불길한 징조로 본다. 그렇지만 비슷한 시기에 신라에서도 황룡사(黃龍寺)를 비롯하여 상당한 숫자의 절과 건축물을 세웠다. 백제가 태자궁을 수리하고 망해정을 세운 것과 비교가 되지 않을 규모였으나 이를 문제 삼는 역사학자는 거의 없다.

또 궁궐과 정자를 지은 직후 나타나는 상황이 백제에 불리하게 전개되지도 않았다. 7월에 마천성(馬川城)을 수리하고 난 다음 달인 8월, 의자왕은 고구려·말갈과 함께 신라의 30여 성을 공격하여 깨뜨렸다. 침략을 당한 신라 왕 김춘추는 당나라에 조공 사절을 보내 "백제가 고구려와 말갈과 함께 우리의 북쪽 경계를 쳐들어 와서 30여 성을 함락시켰다"는 사실을 전했다. 당에 구원을 요청해야 할 만큼 신라가 위협을 느꼈다는 뜻이다.

『일본서기』에는 이해 7월 11일에 나니와의 조정에서 일본 내부의 오랑캐[蝦夷]에게 향응을 베풀면서 백제의 조공 사절[調使] 150명에게 향응을 베풀었다고 한다. 이해에 고구려·백제·신라가 함께 사신을 파견하여 조(調)를 바쳤다고도 했다. 이때 백제 사신단의 규모는 대사 서부 달솔 여의수(余宜

뜻), 부사 동부 은솔 조신인(調信仁)을 필두로 100여 명에 달했다고 한다. 여기까지도 백제의 혼란을 보여준다고 할 만한 내용은 없다.

의자왕의 정치가 파국으로 치닫고 있었다고 여기는 근거는 그다음 해인 656년(의자왕 16)부터 본격적으로 나타난다. 이해 3월에 왕이 주색에 빠지자[淫荒耽樂] 좌평 성충(成忠: 또는 정충淨忠)이 심하게 간언했다. 그러자 의자왕은 화를 내며 성충을 옥에 가두었다. 이후 간언하는 자가 없어졌다고 한다. 성충은 결국 옥에서 굶어죽었는데[瘐死] 죽기 전에 의자왕에게 글을 올렸다.

여기서 성충은 "신(臣)이 상황을 살펴본 결과 틀림없이 전쟁이 일어날 것입니다. 만약 침략을 당하면 육로로는 침현(沈峴)을 넘지 못하게 하고, 수군은 기벌포(伎伐浦) 언덕에 들어오지 못하게" 하라는 말을 남겼다. 의자왕은 이 글을 살펴보지 않았다고 한다. 이 내용은 이후 신라와 당 연합군이 실제로 침공해 왔을 때, 백제 측에서 고전을 거듭하다가 결국 멸망에 이른 원인이라고 여겨왔다.

그러나 여기에는 후대의 왜곡이 들어간 흔적이 뚜렷하다. "왕이 주색에 빠졌다"는 식으로 묘사한 구절부터가 문제다. 이 구절을 빌미로 의자왕이 이른바 "삼천 궁녀"를 거느리고 있었던 것처럼 몰아갔고, 지금까지 많은 사람들이 이를 사실로 알고 있다. 그렇지만 최근 들어서는 이것이 조선시대 이후 과장이 거듭되어 만들어진 이야기일 뿐 당시 현실은 아니었다고 공인되는 실정이다. 그만큼 당시 의자왕이 주색에 빠져 나랏일을 돌보지 않았다는 이야기는 근거가 확실하지 않은 것이다.

『일본서기』에는 이해 백제에 사신으로 파견되었던 사혜키노무라지타쿠나와(佐伯連栲繩), 나니하노키시쿠니카쓰(難波吉士國勝) 등이 백제에서 돌아와 앵무새 한 쌍을 바쳤다고 되어 있다.

657년(의자왕 17) 봄 정월에 왕의 서자(庶子) 41명을 좌평으로 삼고 각각에게 식읍(食邑)을 주었다. 이 기록 역시 즉위 초에 성과를 거둔 의자왕이 자만심에 빠져 독선적인 통치를 했다는 쪽으로 해석하는 근거가 된다. 하지만 여기에는 고의적인 왜곡이 있었을 것이라는 분석이 있다.

이 기록의 껍데기만 보면 의자왕은 자기 자식들이 백제 최고위 벼슬인 좌평 자리를 다 차지하게 만들고 막대한 식읍까지 준 것으로 보인다. 그렇지만 이를 문자 그대로 해석한다면 딸까지 포함한 자녀의 수가 100명은 넘었을 것으로 추산할 수 있다. 이는 물리적으로 가능한 일이 아니다. 이때 10살 이상이면 좌평 자리에 앉혔다고 무리하게 설정해도 이치에 닿지 않기는 마찬가지다. 아들만 40명 넘게 낳아 키운다는 것은 인간의 생식능력으로 가능한 수치가 아니기 때문이다. 또 조선시대만 하더라도 궁녀를 100명 정도의 정원으로 묶었는데, 왕자와 공주만 100명 수준이었다는 것은 불가능한 일로 보인다.

가까운 인척관계에 있는 사람들로 고위직을 채운 것 자체가 정국 불안의 원인이 된 것 아니냐고 생각할 수도 있다. 하지만 이는 당시의 시대 상황을 감안하지 않은 생각일 뿐이다. 신분제 사회에서는 혈연관계로 '신분'이 만들어진다. 신라 골품제도가 그러하듯이, 백제에서 왕실과 혈연적으로 가까운 사람들이 고위직을 차지한 것은 당시로서는 당연할 일이었다. 이런 점을 무시하고 민주주의 사회를 기준으로 삼아 왕실과 가까운 사람들이 고위직을 차지했으니 권력 독점이라고 몰아가는 논리는 무리가 있다.

이 밖에 의자왕의 외척이 횡포를 부렸다거나, 대규모 숙청을 감행하며 인심을 잃었다는 이야기도 있다. 그러나 확실한 근거가 없는 주장이어서 이 점이 의자왕 때 백제가 멸망하는 원인이 되었다고 보기는 어렵다. 이해 4월에 "크게 가물어 농작물이 말라죽었다[赤地]"는 기록이 있지만 이 역시 일상적인 내용일 뿐이다. 『일본서기』에도 이해 백제에 사신으로 파견되었던 아즈미노무라지쓰라타리(阿曇連頰垂), 쓰노오미쿠쓰마(津臣傴僂)가 백제에서 돌아와 낙타 한 마리, 노새

두 마리를 바쳤다는 평범한 내용만 나타난다.

백제 멸망을 암시했다는 불길한 징조들

658년(의자왕 18), 『일본서기』에는 백제의 멸망과 연관 짓는 불길한 징조가 나타난다. 여기서는 먼저 이즈모노쿠니(出雲國)에서 일어난 기이한 현상에 대한 보고부터 기록해놓았다. "북해(北海) 해안에 죽은 물고기가 3척 정도 쌓여 있다. 복어 정도 크기에 입은 참새 부리처럼 생겼고, 몇 촌(寸) 길이의 바늘같이 생긴 비늘이 있었다"는 것이다. "참새가 바다에 들어가 작어(雀魚)라는 물고기가 되었다"라는 그 지역 사람들의 해석도 같이 첨부해놓았다.

그런데 이 기록 뒤에 어떤 책[或本]의 내용이라 하면서 백제가 망하던 상황을 덧붙였다. 경신년(庚申年) 7월의 일이라며, 백제가 사신을 파견하여 당과 신라가 쳐들어와서 의자왕을 비롯한 왕족들이 잡혀갔다고 알려 왔다는 것이다. 이 때문에 일본에서는 서북 해안에 병력을 배치하고 성책(城柵)을 수리했다고 한다.

이래놓고 또 시간을 거슬러 백제에 파견되었다가 돌아온 아즈미노무라지쓰라타리의 보고를 소개하고 있다. 그는 "백제가 신라를 치고 돌아왔을 때, 말이 밤낮없이 절의 금당 주위를 걸었으며 풀을 먹을 때만 멈추었다"라는 보고를 올렸다. 이 뒤에도 어떤 책을 인용하여 경신년에 백제가 "적에게 멸망당할 징조"라고 해놓았다.

659년(의자왕 19)에는『삼국사기』에도 본격적으로 불길한 징조가 나타난다. 이해 2월에 여러 마리의 여우가 궁궐 안으로 들어왔는데, 흰 여우 한 마리가 상좌평의 책상[書案] 위에 앉았다. 4월에 태자궁의 암탉이 참새와 교미했다. 이러한 상황에서도 의자왕은 신라의 독산성(獨山城)과 동잠성(桐岑城) 두 성을 공략하도록 했다.

5월에는 수도[王都] 서남쪽의 사비하에 큰 물고기가 나와 죽었는데 길이가 석 장(丈)이었다. 8월에 생초진(生草津)에 떠오른 여자의 시체는 길이가 18자[尺]에 달했다고 한다. 9월에는 궁중의 홰나무[槐樹]가 울었는데 사람이 곡하는 소리 같았다. 이 부분에서만큼은 유교적 합리성을 강조하는『삼국사기』답지 않게 "밤에 귀신이 궁궐 남쪽 길에서 울었다"는 기록도 나온다. 그리고 이러한 기조는 다음 해까지 연결된다.

이해 7월부터 연말까지에 해당하는『일본서기』에는 더 구체적인 침공의 징조가 기록되어 있다. 7월 일본열도에서 출발한 왜 사신이 당에 닿았을 때, 당 측에서 "내년에 해동(海

東)을 정벌할 일이 있다"며 왜 사신들을 억류해두었던 것이다. 이 때문에 왜 사신들이 매우 고생했다고 되어 있다.

660년(의자왕 20) 2월에는 수도[王都]의 우물물이 핏빛이 되었다. 서해 바닷가에서 조그마한 물고기들이 백성들이 다먹을 수가 없을 정도로 물에 떠올라 죽었다. 또 사비하의 물이 핏빛으로 변했다. 4월에는 두꺼비와 개구리 수만 마리가 나무 위에 모였다. 또한 수도의 저잣거리에서 사람들[市人]이 마치 붙잡으려는 사람이 있는 것처럼 이유 없이 놀라 달아나는 사태가 있었다. 이로 인해 넘어져[僵仆] 죽은 자가 100여 명이나 되었고 상당한 재산 피해마저 입었다.

5월에는 갑자기 바람과 비가 불어 닥쳤고, 천왕사(天王寺)와 도양사(道讓寺) 두 절의 탑과 백석사(白石寺) 강당에 벼락이 쳤다. 검은 구름이 동쪽과 서쪽 하늘에서 용 모양으로 피어올라 서로 싸우는 것처럼 얽혔다.

『일본서기』에도 같은 달 비슷한 일이 일어났다고 기록되어 있다. 백성들이 이유 없이 무기를 들고 길을 왔다 갔다 했다는 것이다. 이런 현상을 보고 노인이 "백제가 망할 징조"라는 말을 입에 올렸다고 한다.

6월에는 백제 왕흥사(王興寺)의 승려들이 배의 돛처럼 생긴 물체가 큰물을 따라 절 문으로 들어오는 것을 보았다는 기록이 나온다. 또 야생의 사슴[野鹿]과 같은 모습을 한 개한 마리가 서쪽으로부터 사비하의 언덕까지 달려온 다음 왕궁을 향해 짖더니 금방 사라졌다. 수도의 개들이 길가에 모여 짖고 울고 하다가 곧 흩어지는 일도 있었다.

마지막 에피소드에는 노골적으로 귀신이 등장한다. 귀신 하나가 궁궐 안으로 들어와 "백제가 망한다. 백제가 망한다"고 크게 외치고는 곧 땅으로 들어갔다는 것이다. 의자왕이 괴상한 일이라 여겨 사람을 시켜 땅을 파보게 했다. 그랬더니 석 자[尺] 가량의 깊이에서 거북 한 마리가 나왔다. 그리고 거북의 등에 "백제는 둥근 달[月輪]과 같고 신라는 초승달[月新]과 같다"는 글이 쓰여 있었다.

의자왕은 무당[巫]에게 이에 대한 해석을 물었다. 무당은 "둥근 달은 가득 찼다는 뜻이고, 그러니 기울 것입니다. 초승달은 아직 차지 않은 것이니, 점점 가득 찰 것입니다"라는 해석을 내놓았다. 의자왕은 무당이 백제에 대해 불길한 해석을 내놓은 데 분개하여 그를 죽였다.

그러자 누군가가 나서서 다른 해석을 내놓았다. "둥근 달과 같다는 것은 왕성하다는 것이요, 초승달과 같다는 것은 미약하다는 것입니다. 생각건대 우리나라[國家]는 왕성해지고 신라는 점차 미약해진다는 뜻일까 합니다." 이 말을 들은 의자왕은 기뻐했다고 한다.

이 에피소드는 의자왕이 원하는 말만 들을 만큼 독선적인 정치를 했다는 사례로 여기는 경우가 많다. 그렇지만 이 역시 되새겨볼 필요가 있다. 현실 정치에서도 직접 관련이 없는 몇 가지 징조를 가지고 '나라가 망할 것'이라는 소문을 퍼뜨리고 다니면 사회 불안을 조성한다고 응징당한다. 실제로 별 문제 없는 국가나 기업이 헛소문 때문에 진짜 망하거나 곤란을 겪는 경우가 있기 때문이다. 의자왕은 이런 사태를 막기 위해 강력한 응징을 할 수밖에 없었다는 해석도 가능하다.

이렇게 보면 의자왕 말년에 접어들며 백제의 정치가 어지러워졌다는 인식은 다시 생각해볼 여지가 있다. 우선 의자왕이 특별히 나라의 안정을 해칠 조치를 취했다고 볼 근거가 없다. 불길한 징조가 나타났다는 것 역시 마찬가지다. 통상 받아들일 수 있는 수준의 합리성과 거리가 먼 현상들을 놓고, 백제의 정치가 실제로 어지러워졌다는 근거라고 할 수는 없기 때문이다.

그렇기에 보수적인 시각을 고수하는 전문가들은, 백제가 의자왕의 고집 때문에 당과 외교에 실패하고 국제적으로 고립되면서 쇠약해져갔다고 보려 한다. 그렇지만 이 역시 납득할 만한 설명은 되지 못하는 듯하다.

즉위 초 의자왕은 자주 조공 사절을 보내면서 당과 관계를 다져나갔다. 당의 요구 때문에 애써 감행한 신라 침공을 포기하고 철수시킨 일도 있었다. 그러나 배신을 당해 국가적 숙원 사업이던 한강 하류 지역을 신라에 빼앗긴 백제가, 자기 나라의 처지를 무시하고 무조건 화해를 요구하는 당나라의 요구를 밑도 끝도 없이 들어주어야 했다고 하는 것은 무리다.

사실 당시 백제는 많은 사람들의 뇌리에 박혀 있는 것처럼 신라에 한강 지역을 빼앗긴 채 위축되어가고 있던 나라가 아니었다. 일부 백제사 전문가라는 사람들이 의자왕 때 백제가 쇠약해지고 있었다는 인식을 심고 있으나, 실상 백제는 신라에 대해 주로 선제공격을 하며 전쟁의 주도권을 쥐고 있었다. 신라의 반격이 없었던 것은 아니지만 거의 김유신 위주로 반격에 나서고 있을 뿐, 양적·질적으로 백제가 신라를 압박하던 상황과 비교가 되지 않는다.

사실 신라의 태종무열왕(太宗武烈王) 김춘추는 왕이 되기 전부터 적극 외교에 매진하여, 충돌을 빚던 고구려와 전통적으로 적대 성향이 강하던 왜에까지 가서 위험을 무릅쓰고 직접 교섭에 나섰을 정도였다. 결국 당의 구원을 요청하여 그 군사력을 끌어들인 것은 신라가 직면해 있던 위기에서 벗어나기 위한 시도였다고 봐야 할 것이다.

나당 연합군의 침공과 그 대책

660년(의자왕 20), 결국 신라와 당의 백제 정벌이 시작되었다. 좌무위대장군(左武衛大將軍) 소정방(蘇定方)을 신구도행군대총관(神丘道行軍大摠管)으로 삼아 13만 명의 병력을 백제 원정에 투입한 것이다. 당에서는 신라 왕 김춘추를 우이도행군총관(嵎夷道行軍摠管)으로 삼아 가세하게 했다. 소정방이 지휘하던 당의 군사는 성산(城山)에서 출발해서 바다를 건너 백제 서쪽의 덕물도(德物島)에 이르렀다. 김유신이 지휘하는 신라군 5만 명은 육로를 이용하여 백제 방면으로 진출했다.

이 정보를 입수한 백제 측에서는 대책 회의를 열었다. 이때 좌평 의직(義直)은 "멀리 바다를 건너와 피곤한 당나라 군사와 먼저 결전을 치르자"는 전략을 제시했다. 이에 대해 달솔 상영(常永)은 "백제를 두려워하는 신라군을 먼저 격파하고, 당나라 군대가 피로해지기를 기다려 결전을 치르자"는 전략을 내놓았다.

『삼국사기』에는 의자왕이 결단을 내리지 못하고, 고마미지현(古馬彌知縣)에 유배 가 있던 흥수(興首)에게 자문을 구했다고 한다. 흥수 역시 성충과 비슷하게 백강(白江: 또는 기벌포 伎伐浦)과 탄현(炭峴: 또는 침현沈峴)을 막으라는 전략을 내놓았다. 『삼국사기』「백제본기」에는 흥수가 제시한 전략을 들은 백제 대신들이 그를 믿지 못해 반대했다고 되어 있다.

이 때문에 중요한 방어 거점인 백강과 탄현이 무방비로 뚫려 백제가 망하는 상황까지 갔다고 보는 것이 일반적인 인식이다. 그런데 기록들을 살펴보면 상반되는 측면이 나타난다. 백제 귀족들의 말을 그대로 인용해보자.

> 흥수는 오랫동안 잡혀 갇힌 몸[縲絏]으로 있어 임금을 원망하고 나라를 사랑하지 않았을 것이니 그 말은 가히 쓸 수가 없습니다. 당나라 군사로 하여금 백강에 들어오게 하여 물의 흐름을 따라 배를 나란히 할 수[方舟] 없게 하고, 신라군으로 하여금 탄현을 올라오게 하여 좁은 길을 따라 말을 가지런히 할 수[竝馬] 없게 함과 같지 못합니다. 이때 군사를 놓아 공격하면 마치 조롱 속에 있는 닭을 죽이고 그물에 걸린 물고기를 잡는 것과 같습니다.

여기에 분명히 나와 있듯이 백제 귀족들이 백강과 탄현을 막을 필요가 없다고 반대하는 내용은 없다. 차이가 있다고 해봐야 "지나가지 못하게 막자"는 것과 "지나갈 때 섬멸하자"는 미세한 정도일 뿐, 막을 필요가 없다고 반대하지는 않았던 것이다. 또한 이를 통해 백제 측에서는 신라와 당 연합군의 침공이 있기 훨씬 전부터 적의 의도를 파악하고 대책을 세우려 했음을 알 수 있다. 보통 수도와 제법 거리가 있는 유배 지역까지 사람을 파견해서 답을 들었을 정도면 상당히 일찍 사태를 파악하고 대책 회의를 열었다는 뜻이 되기 때문이다.

그럼에도 불구하고 전쟁 준비가 제대로 되어 있지 못했던 백제가 우왕좌왕하면서 기본 전략조차 수립하지 못했다고 보는 것이 일반적인 시각이다. 그 원인으로 의직과 상영의 전략이 대립하면서 적절한 시점에 결단을 내리지 못했다는 점이 지목된다. 그래서 백강과 탄현이 무방비 상태로 돌파당한 결과 수도가 위협을 받자, 압도적인 병력을 상대로 계백(階伯)이 결사대 5,000명을 거느리고 황산(黃山)에서 신라군을 맞아 싸우다가 전멸했다고 본다.

그러나 이 역시 사실과 다르다. 백강 방면에서는 당의 장군 소정방이 함대를 이끌고 진입하다가 백제군을 발견하고 급히 뱃머리를 돌려 상륙 지점을 바꾸었다는 기록이 있다. 당의 군대가 상륙한 다음 백제군이 공격해 왔다가 패배했다는 내용이 이어진다. 이는 당의 군대가 상륙하기 이전에 백제군이 백강 방면에 배치되어 있었음을 보여준다. 그러니 적어도 백강 방면이 무방비 상태에서 돌파당했다는 인식은 명백히 사실과 다르다.

탄현을 방어한 기록은 보이지 않지만 이 역시 따져보면

백제 측의 혼란이나 실책 때문이라고 보기는 어렵다. 한강 지역을 수중에 넣고 있던 신라군이 이 방면에서 남하할 가능성이 충분했기 때문에, 백제가 백두대간의 요충지 방어에만 집착할 수 있는 상황이 되지 못했던 것이다.

이뿐만이 아니다. 탄현 방어를 포기한 뒤 계백이 황산에서 신라군을 맞아 싸운 상황에 대해서도 잘못된 인식이 많다. 당시 5,000명의 부대는 결코 적은 숫자가 아니었다. 더욱이 황산에 투입되었던 백제군은 이곳에서 철수한 다음 백강 방면에 다시 투입되었다. 즉 계백 휘하의 백제군은 절망적인 상황에서 최후의 저항을 감행하는 결사대 개념이 결코 아니었던 것이다.

이와 같은 상황을 감안하면 백제 측에서는 나름대로 납득이 갈 만한 대책을 세우고 있었으며, 그 대책을 체계적으로 실행에 옮기기까지 했음을 알 수 있다. 의직과 상영의 전략 또한 대립되기만 한 것이 아니라 서로 보완하는 역할을 하고 있었다.

즉 의직은 해안에 상륙할 때의 약점을 노려 적에게 타격을 주자는 데 초점을 맞추고 있었다. 이에 비해 상영은 신라군을 먼저 격파하여 당군을 고립시키고, 보급을 끊어 적을 약화시키는 전략을 주장했을 뿐이다. 실제로 백제의 전략은 양쪽의 균형을 잡으면서 가능한 모든 저항을 하는 방향을 택했다.

그래서 백제가 동원할 수 있는 기동부대가 먼저 신라군을 저지하는 데 투입되었다. 신라군이 어느 길로 올지 모르는 상태였기에, 수도인 사비 부근에서 대기하고 있다가 신라군의 위치가 확인되는 대로 달려가는 형태가 될 수밖에 없었다. 그래서 수도 사비에서 멀지 않은 황산벌에서 저지를 시도한 것으로 보인다.

그렇다고 해서 백제가 황산벌 방면에 모든 것을 걸지는 않았다. 반굴(盤屈)과 관창(官昌: 또는 관장官狀) 같은 젊은 화랑들을 희생시켜가며 결사적으로 돌파를 시도하는 신라군에 밀려 이쪽 전선의 전황이 불리해지자, 신라군의 진격을 지연시키면서 병력을 빼내 백강 방면으로 이동시켰다.

나름대로 납득이 갈 만한 전략이었으나 신라와 당의 대처가 더 좋았다. 백강에서는 백제군을 발견한 소정방이 상륙 지점을 바꾸었을 뿐 아니라, 신라 장군 양도(良圖)는 상륙할 때 펄에 빠지지 않도록 버들돗자리를 준비해 왔다. 이 덕분에 당의 군대는 백제 측의 예상보다 쉽게 상륙해서 교두보를 확보했고, 이후 공격해 온 백제군은 패배했다.

백제의 멸망

일반적으로는 백강 방어선이 무너지면서 백제의 저항도 끝났다고 생각하지만, 『삼국사기』 등의 기록에는 전혀 다른 양상이 나타난다. 백제 측은 백강에서 당군의 상륙 저지에 실패한 이후에도 신라와 당 연합군의 진격을 저지하려고 사비에서 30리쯤 떨어진 곳에서 또 한 번 전투를 치렀다. 이렇게 보면 백제의 전략은 한 번의 전투에 운명을 거는 것이 아니라, 병력을 보존해가며 단계별로 적에게 조금씩 타격을 주면서 시간을 끄는 전략을 쓴 것이라 할 수 있다. 그러나 각 단계마다 실패를 맛보았다.

김유신 부대가 원래 만나기로 했던 날짜에 도착하지 못해 갈등을 빚기도 했지만, 나당 연합군은 진격을 거듭하여 사비성을 포위했다. 그런데 이조차 백제에 결정적인 위기는 아니었다.

진짜 위기는 엉뚱한 조치에서 나왔다. 신라와 당 연합군이 사비성으로 접근하자 의자왕은 사비성 방어를 둘째 아들 태(泰)에게 맡기고 웅진으로 피신해버렸다. 그런데 태는 이 틈을 타 제멋대로 왕위에 올라버렸다. 그러자 태자의 아들 문사(文思)가 왕자 융(隆)을 선동했다. "숙부가 멋대로 왕이 되었으니 당나라 군사가 포위를 풀고 물러가면 우리는 처벌

받을 것입니다"라는 논리였다. 그들이 측근들을 거느리고 밧줄에 매달려 성 밖으로 나가자 그들을 따라가는 백성들이 나왔다.

태는 이 사태를 수습하지 못했고, 결국 성문을 열고 항복해버렸다. 이 여파로 웅진으로 피신했던 의자왕도 부하에게 잡혀 나왔다. 웅진으로 피신한 의자왕의 선택이 수도였던 사비성뿐 아니라 주요 거점들이 함락되는 원인이 된 셈이다. 이후 포로가 된 대부분의 왕족과 핵심 귀족이 당나라로 잡혀갔다.

신라와 함께 백제를 점령한 당은 백제에 오도독부(五都督府)를 설치해 각각 그 지방 유지들로 하여금 다스리게 했다. 이를 감독하기 위해 유인원(劉仁願)과 왕문도(王文度)의 군대를 사비성과 웅진성에 남겨두었다. 이와 같은 조치를 취한 후 소정방과 김유신은 각각 철군했다.

『일본서기』에도 백제 멸망에 대한 상황이 비중 있게 나온다. 『일본서기』에서는 고구려 승려 도현(道顯: 다우켄)의 『일본세기(日本世記)』를 인용하고 있다. 『일본세기』에 의하면 "7월에 춘추지(春秋智: 김춘추)가 소정방의 도움을 얻어 백제를 멸망시켰다"고 되어 있다는 것이다.

이렇게 적어놓고 바로 뒤에 "또는"이라는 말을 붙여 백제 멸망의 다른 원인에 대해 적어놓았다. 왕의 대부인(大夫人: 의자왕의 왕비를 가리킨다고 본다)이 요사스럽고 무도하여 국정을 좌우하면서 현명하고 어진 신하를 죽였다. 그래서 나라가 망하는 화를 초래했다는 것이다.

여기에 주석이 붙어 있다. 주석에는 "신라의 춘추지가 개금(蓋金: 연개소문)에게 원하는 바를 얻지 못하자, 다시 당에 사신을 파견하여 자국에서 사용하던 의관을 버리고 천자에게 아첨하여 이웃 나라에 화를 미치게 하면서 자신의 뜻을 이루었다"고 해놓았다.

조금 구체적인 내용도 추가되었다. 경신년 8월에 백제가 평정되고 난 뒤인 9월 12일, 당에 억류되어 있던 왜 사신들이 귀국을 허가받았다. 풀려난 왜 사신들은 19일에 서경(西京: 중국의 장안長安)을 출발하여, 10월 16일에 동경(東京: 중국의 낙양洛陽)에 도착하여 아리마(阿利麻) 등 다섯 사람과 만날 수 있었다. 11월 1일에 장군 소정방 등에게 잡힌 의자왕과 태자 융 등 왕족 13명, 대좌평 사택천복(沙宅千福), 국변성(國辨成)을 비롯한 신료 37명 등, 모두 50여 명이 당의 천자 앞에 끌려갔다. 당의 천자는 은혜를 베풀어 그 자리에서 풀어주었다. 이달 19일에는 왜 사신들에게 노고를 치하하고 위로했으며, 이들은 24일에 동경을 출발했다.

비중 있게 지면을 할애한 것 치고는 『일본서기』에 백제 멸망의 진정한 원인이나 과정을 보여주는 기록은 거의 없다.

그저 어디에 근거를 두고 있는지 모를 언사와 자기네 사신이 당의 백제 침공 때문에 겪은 고초가 간략하게 서술되어 있을 뿐이다.

백제 부흥을 위한 노력

일반적으로 사비성이 함락되고 의자왕을 비롯한 왕족들이 당으로 잡혀간 시기를 백제가 망한 시점으로 본다. 그렇지만 이러한 인식에는 어폐가 있다. 백제 측은 곧바로 주류성(周留城)을 근거로 반격에 나섰기 때문이다. 왜에 가 있던 왕자 부여풍을 맞아 왕으로 삼고 왕실의 명맥을 이어갔다.

660년(의자왕 20) 8월경부터 일어나기 시작한 부흥운동의 기세는 위력이 있었다. 흑치상지(黑齒常之)와 사탁상여(沙吒相如) 등이 10일 사이에 3만여 명을 모은 백제 부흥군의 활동으로, 두 달이 못 되어 사비성에 주둔하고 있던 당군은 역으로 포위되었다. 물론 이는 삼년산성(三年山城)까지 철수했던 신라군이 구원에 나서며 해결되었지만 신라와 당의 위기는 계속되었다. 부흥운동을 주도한 세력이 대부분의 지역에 대한 통제력을 회복했던 것이다.

『일본서기』에는 이해 9월 5일에 백제가 달솔 사미(沙彌)

각종(覺從) 등을 파견하여 "올해 7월에 신라가 당나라를 끌어들여 백제를 멸망시켰다"고 보고해 왔다고 되어 있다. 이래놓고 "어떤 책[或本]에는 도망쳐 와 난리가 났다고 알렸다고도 한다"는 내용을 덧붙여놓았다. 임금과 신하들이 모두 포로가 되어 살아남은 자가 거의 없었다고도 했다. 또 어떤 책에는 금년 7월 10일에 당의 소정방이 수군을 거느리고 미자진(尾資津)에 진을 쳤고, 신라의 춘추는 백제의 동쪽 경계인 노수리산(怒受利山)에 주둔했다고 한다. 이들이 협공해 온 지 3일 만에 사비성이 함락되었고, 같은 달 13일에 결국 궁궐이 함락되었다는 것이다.

이때 나선 사람이 복신(福信)이다. 『일본서기』에는 서부 은솔 귀실복신(鬼室福信)이 격분하여 임사기산(任射岐山)을 근거로, 달솔 여자진(餘自進)은 중부 구마노리성(久麻怒利城) 또는 도도기류산(都都岐留山)을 근거로 각각 병력을 모으고 저항을 시작했다고 한다. 무기가 떨어져 막대기를 들기도 하고, 신라의 무기를 노획하여 전력을 보강해서 당도 감히 공격해 오려고 하지 않게 되었다. 그 결과 복신 등은 백제의 백성을 다시 모아 함께 왕성을 지키고 있으며, 나라 사람들이 존경하는 의미로 "좌평 복신, 좌평 자진"이라 한다고 되어 있다. 복신이 능력을 발휘하여 이미 망한 나라를 다시 일으키고 있다는 것이다.

『일본서기』에는 이해 10월, 백제에서 좌평 귀지(貴智) 등을 보내어 당의 포로 100여 명을 바쳤다고 적어놓았다. 이후 왜에서는 이들을 미노노쿠니(美濃國)의 후하(不破), 가타아가타(片縣) 2개 군(郡)에 살게 했다. 백제 측에서는 이러면서 구원군 파견과 함께 왜에 와 있던 여풍장(余豊璋: 어떤 책[或本]에는 좌평 귀지貴智, 달솔 성신正珍)을 보내달라 요청했다 한다. 이 말을 들은 왜 측에서는 "사람들이 이유 없이 무기를 들고 다닌 것이 이런 일이 일어날 징조였던가"라고 회고했다고 기록되어 있다.

백제 측에서는 신라와 당 연합군이 쳐들어와 왕족을 비롯한 백제 사람들을 잡아갔지만, "천황의 가호에 힘입어" 다시 사람들을 모아 나라를 일으켰다고 했다 한다. 그러니 왜에 와 있는 왕자 풍장을 맞아 왕으로 삼고자 한다는 뜻을 재차 전했다고 기록되어 있다.

그러자 천황은 "구원군을 청해 온 전례도 있었고 위기에 빠진 사람을 돕는 것도 도리이니, 백제의 구원 요청을 거절할 수 없다"면서 왜의 장군들에게 출정을 명령했다고 한다.

이와 함께 풍장과 처자식 그리고 풍장의 숙부인 충승(忠勝) 등을 보냈다. 이래놓고 "어떤 책[或本]에는 천황이 풍장을 왕으로 세우고 새상(塞上)을 보좌로 삼아 예를 갖추어 떠나보냈다고 한다"고 써놓았다.

12월 24일 천황은 나니와교(難波京)로 옮겨와 복신이 요청한 대로 원군을 파견할 준비를 했다. 이를 위해 천황은 이해에 스루가노쿠니(駿河國)에 배를 만들도록 명을 내린 다음, 배가 완성되자 오미노(續麻郊)로 끌고 왔다고 한다. 그런데 그 배들이 밤중에 까닭 없이 뱃머리와 고물이 서로 반대가 되어버렸다. 이러한 현상이 일어나자 여러 사람들이 이 싸움이 결국은 패할 것이라고 생각했다. 시나노노쿠니(科野國)에서 "파리 떼가 서쪽을 향해 날아 오사카(巨坂)을 지나갔는데, 그 크기가 열 아름쯤이고 높이는 하늘까지 닿았다"는 보고 역시 구원군이 크게 패할 징조라고 여겼다. 그래서 이를 암시하는 동요(童謠)가 유행했다고 한다.

다음 해 정월 6일에 왜 천황은 원정을 위해 바닷길에 나서, 8일에 오쿠노우미(大伯海)를 거쳐 14일에는 이요(伊豫)의 니키타쓰(熟田津) 이하유노카리미야(石湯行宮)에 정박했다. 그러나 천황은 3월 25일, 배를 돌려 나노오쓰(娜大津)의 이하세노카리미야(磐瀬行宮)에 머물며 이곳의 이름을 나가쓰(長津)로 고쳤다.

4월에는 백제의 복신이 왕자 규해(糺解)를 맞이하고 싶다고 요청했다 한다. 이 내용을 두고 승려 도현의 『일본세기』에서는 백제의 복신이 규해를 왕으로 모시겠다고 일본에 청했다고 되어 있다.

그리고 이달 23일에는 탐라가 왕자 아파기(阿波伎) 등을 보내 처음으로 공물을 바쳤다고 해놓았다. 그러나 다른 책에는 이야기가 다르다고 적혀 있다. 왜 사신들이 바다 위에서 표류하다가 겨우 탐라도에 도착한 뒤, 이곳의 왕자 아파기 등 9명을 자신들의 배에 태워 조정에 바치려 했다고 되어 있는 것이다. 그래서 5월 23일에 아사쿠라(朝倉)의 조정에 이 사람들을 바쳤으며, 탐라의 입조(入朝)는 이때부터 시작되었다고 해놓았다.

이러던 중인 7월, 왜의 사이메이천황(齊明天皇)이 죽었다. 그런데 이해 11월, 또 헛갈리는 기록이 나온다. 이달에 복신이 속수언(續守言) 등 포로로 잡아 보낸 당나라 사람들이 쓰쿠시에 도착했다고 한다. 이래놓고 어떤 책에는 이해에 복신이 바친 당의 포로 106명을 하리타(墾田)에 살게 했다는 말과 함께, 작년에도 복신이 당의 포로를 바쳤다고 했으니 헛갈려 여기에 주(注)를 달아놓았다고 했다. 그러니 알아서 판단하도록 하라는 것이다.

사이메이천황의 죽음으로 뒤를 이은 황태자 나카노오에는 정식으로 즉위하지 않고 통치하는 상태였음에도 8월, 백제에 구원군을 보냈다. 아즈미노히라부노무라지(阿曇比邏夫連), 가하헤노모모에노오미(河邊百枝臣), 아헤노히케타노히라부노오미(阿倍引田比邏夫臣), 모노노메노무라지쿠마(物部連

熊), 모리노키미오이하(守君大石) 등에게 병력과 함께 무기와 식량을 보냈다는 것이다. 그리고 어떤 책[或本]을 인용하여 이후에도 사위노무라지아지마사(狹井連檳榔), 하다노미야쓰코카쿠쓰(秦造田來津)를 지휘관으로 하여 후속 병력을 파견해주었다고 한다.

9월에는 나카노오에가 풍장에게 벼슬을 내려주면서 오노오미코모시키(多臣蔣敷)의 누이를 처로 삼게 했다고 한다. 그리고 사우이노무라지아지마사와 하다노미야쓰코카쿠쓰가 거느린 군사 5,000명으로 하여금 풍장의 귀국길을 호위하도록 했다. 이렇게 해서 풍장이 백제로 돌아가자 복신이 맞이하여 국정을 맡겼다고 한다. 이처럼 『일본서기』의 기록은 오락가락하고 있으며, 왜의 구원은 실제로 백제에 별 도움이 되지 않았다.

661년에 접어들면서도 백제 부흥군의 기세는 떨어지지 않아, 이를 진압하러 나섰던 웅진도독부(熊津都督府)의 당나라 군사 1,000명이 전멸을 당하기도 했다. 이해 백제 부흥군은 사비성 공략에도 실패하고 백강으로 올라오려던 왜군과 연합작전도 실패했지만, 신라 구원병을 대파하여 백제 옛 땅 거의 전부를 장악하기에 이르렀다.

유리하게 진행되는 전황을 등에 업고, 부흥운동을 지휘하던 도침과 복신은 당나라 장군들에게 고자세를 취했다. 도침은 유인궤(劉仁軌)가 보낸 사자의 지위가 낮다고 만나주지도 않고 돌려보냈고, 복신은 당의 장수 유인원(劉仁願) 등에게 "돌아갈 때 작별인사를 하겠다"며 우롱했다. 당은 고구려 원정에 신경 쓰느라 백제 부흥군 진압에는 크게 신경을 쓰지 못하고 있었다.

백제 부흥의 좌절

662년에 접어들어서도 왜의 백제 지원은 계속되었다. 정월 27일에는 복신에게 화살 10만 척, 실 500근, 솜 1,000근, 피륙 1,000단(端), 무두질한 가죽 1,000장, 종자용 벼 3,000석을 보내주었다. 3월 4일에는 백제 왕에게 포 300단을 주었다고 한다.

당은 고구려 원정이 실패하자 2월에 웅진도독부의 유인원과 유인궤에게 회군을 명령했다. 당의 움직임과 상관없이 왜에서는 5월에 아즈미노히라부노무라지를 지휘관으로 하는 170척을 보유한 수군과 함께 풍장 등을 백제로 보내주고, 풍장이 왕위를 계승한다고 선포했다 한다. 이와 함께 복신에게 벼슬을 주었다고 한다. 『일본서기』에는 그때 "풍장과 복신이 절하며 왜 천황이 내려준 칙(勅)을 받자 사람들이 눈물을 흘렸다"고 기록해놓았다. 뒤이은 6월 28일에는 백제에서 달솔 만지(萬智) 등을 보내 조(調)를 바쳤다고 적었다.

7월에 유인원과 유인궤 등은 웅진 동쪽에서 복신의 군대를 대파했다. 그 결과 지라성(支羅城) 및 윤성(尹城)과 대산책(大山柵)·사정책(沙井柵) 등의 목책을 함락시켜 백제군에 많은 사상자가 나오고 포로도 많이 잡혔다. 당 지휘부는 점령한 곳에 병력을 배치해 지키게 했다. 그러자 복신 등은 요충지 진현성(眞峴城)에 병력을 증강시켰다. 유인궤는 신라 군사를 독려하여 밤에 성으로 접근한 다음, 날이 밝을 무렵 성에 진입하여 백제군 800명을 죽이며 신라의 군량 수송로를 뚫었다.

이러한 기록만 보면 당 측에서 꽤 전과를 올린 듯하지만, 유인원이 본국에 증원군을 요청하고 있는 점을 보아 실제로는 위기를 모면한 데 지나지 않은 듯하다. 당 고종은 치주(淄州)·청주(靑州)·내주(萊州)·해주(海州)에서 7,000명의 병력을 동원하고 좌위위장군(左威衛將軍) 손인사(孫仁師)를 지휘관으로 삼아 바다를 건너 유인원의 군사를 지원하게 했다.

이런 상황에서 반전이 일어났다. 백제 측에 내분이 생긴 것이다. 이유는 자세히 밝혀져 있지 않지만 복신이 도침을 살해해버렸다. 부여풍도 "제사나 주관하는" 정도로 실권을 잃었다고 한다. 결국 부여풍과 복신은 서로 죽이려는 음모를 꾸밀 정도로 심한 갈등을 빚었고, 부여풍이 마저 남은 백제 부흥군 지도자 복신을 죽이는 사태가 벌어졌다. 그 후유증으로 백제 부흥군 지도자 중에 흑치상지와 사탁상여처럼 부여풍에게 합류하기를 거부하고 당에 투항하는 사태가 일어나기도 했다.

복신을 살해한 부여풍은 사신을 고구려와 왜국에 보내 구원을 요청했지만, 당 측에서 손인사가 이를 차단했다 한다. 이후 전략 목표를 두고 가림성(加林城)을 먼저 공략하자는 말이 나왔다. 그러나 유인궤는 신라군에 더하여 항복한 부여융(扶餘隆)이 이끄는 일부 백제군까지 동원하여 백제 부흥군의 핵심인 주류성을 먼저 공략했다. 손인사와 유인원 및 신라 문무왕(文武王)은 육군을, 유인궤 및 별장(別將) 두상(杜爽)과 부여융은 수군과 군량선을 이끌고 웅진강(熊津江)에서 백강(白江)으로 이동하여 육군과 합류한 뒤 주류성으로 진격한 것이다.

이 과정에서 백강으로 진입하던 신라와 당 연합군은 백제를 구원하러 온 왜군과 만나 전투를 치렀다. 네 번에 걸쳐 벌어진 전투에서 신라와 당 연합군이 모두 이기고, 왜군의 배 400척을 불태웠다고 한다. 이 패배 이후 부여풍은 고구려로 달아났다는 소문만 남긴 채 자취를 감추었다. 백제 왕자 부여충승(扶餘忠勝)과 충지(忠志) 등은 왜인과 함께 항복했으나 지수신(遲受信)만이 임존성을 근거로 저항을 이어갔다. 유인 궤는 항복해 온 흑치상지에게 임존성 공략을 맡겼고, 결국 흑치상지의 활약으로 임존성은 함락되었다. 끝까지 저항하 던 지수신이 고구려로 달아나면서 백제 부흥군의 저항도 평 정되었다.

그런데『일본서기』에는 뒤늦게 12월경부터 백제 부흥군 사이에 약간의 갈등이 보이는 내용이 나타난다. 풍장과 복 신이 사위노무라지(狹井連), 지노타쿠쓰(朴市田來津) 등과 저 항 거점을 옮기는 문제에 대한 논의를 하는 과정에서 의견 차이가 난 것이다. 백제 지휘부는 "주류성 부근의 토지가 척 박하여 경제적으로 압박을 받으니, 토지가 비옥하면서 방어 도 쉬운 피성(避城)으로 옮기자"는 의견을 냈다. 그러나 지노 타쿠쓰는 "피성은 적과 너무 가까운 곳에 있고, 주류성만큼 험준한 곳에 있지 않으니 옮겨서는 안 된다"며 반대했다. 백 제 지휘부는 그의 말을 듣지 않고 피성으로 옮겨갔다고 한 다. 그래도 왜에서는 백제 구원을 위해 무기와 선박을 갖추 고 군량미를 비축했다고 되어 있다.

그리고『삼국사기』내용보다 훨씬 뒤인 663년 2월 2일, "백제가 달솔 김수(金受) 등을 보내 조(調)를 올렸다"는 식의 이야기가 나온다. 그 뒤에야 신라가 백제 남부의 사주(四州) 를 불태우고, 아울러 안덕(安德) 등의 요충지를 빼앗았다고 되어 있다. 사태가 이렇게 전개되자 피성은 적에게 너무 가까워 주류성으로 다시 근거를 옮겼다. 『일본서기』에서는 지노타쿠쓰가 원래 이렇게 주장했음을 강조하고 있다.

그리고 『일본서기』답게 이 내용의 바로 뒤에 "복신이 당의 포로 속수언(續守言) 등을 바쳤다"는 이야기를 반복해서 기록해놓았다. 뒤이은 3월, 가미쓰케노노키미와카코(上毛野君稚子)와 하시히토노무라지오후타(間人連大蓋), 고세노카무사키노오미오사(巨勢神前臣譯語), 미와노키미네마로(三輪君根麻呂), 후군 장군 아헤노히케타노히라부노오미(阿倍引田臣比邏夫)와 오야케노오미카마쓰카(大宅臣鎌柄)에게 2만 7,000명의 병력을 거느리고 신라를 공략하게 했다 한다.

5월 1일에는 이누카미노키미(犬上君)가 고구려에 출병한 사실을 고하고 돌아왔다. 그리고 석성(石城)에서 규해(糺解)를 만났는데, 이때 규해는 복신의 죄를 말했다 한다. 다음 달인 6월에 "가미쓰케노노키미와카코 등이 신라의 사비(沙鼻), 기노강(岐奴江) 두 성을 빼앗았다"는 믿기 어려운 내용이 나온 뒤에야 복신과 부여풍의 갈등을 적고 있다.

부여풍은 복신이 모반할 생각이 있다고 의심하고 손바닥을 뚫어 가죽으로 묶었으나, 혼자서 결정하지 못하고 신하들에게 의견을 물었다. 그때 달솔 덕집득(德執得)이 "이 극악한 자를 방면해서는 안 됩니다"라고 하자 복신은 집득에게 침을 뱉고 욕을 했다. 그러자 부여풍이 힘센 사람들에게 복신의 목을 베도록 하고 그 머리로 젓을 담갔다 한다.

백제의 실질적인 멸망

『일본서기』에는 663년 8월 13일, 부여풍이 복신을 죽였다는 사실을 안 신라가 곧바로 백제로 쳐들어가 주류성을 공략했다고 되어 있다. 그러자 부여풍이 "대일본국의 구원군 장수 이호하라노기미오미(盧原君臣)가 1만여 명의 병력을 거느리고 바다를 건너오고 있다. 장군들은 미리 준비하도록 하라. 나는 백촌(白村: 하쿠스키)에서 기다리고 있다가 접대하리라"라고 했다 한다.

17일 적이 주류성을 포위하자 당 측에서 전선(戰船) 170척을 이끌고 백촌강(白村江: 하쿠스키노에)에 진을 쳤고, 이들과 싸운 왜 수군이 패배했다. 당 측에서 전열을 정비하고 있었음에도 왜의 장군들과 백제 왕은 형세를 살피지 않고 28일, "우리가 선수를 친다면 저쪽은 스스로 물러갈 것이다"라고 하며 전열이 무너진 왜병을 이끌고 당의 군대를 공격했다. 그러자 당 측에서 반격해 와 왜군이 패배하면서 많은 익사자를 냈다고 한다. 이 상황을 맞은 지노타쿠쓰는 분노하면서 수십 명을 죽이고 전사했다.『일본서기』에서는 백제 왕 풍장이 "몇 사람과 함께 배를 타고 고구려로 도망갔다"고 해놓았다. 물론 확인되는 이야기는 아니다.

이 전투에서 패배한 결과, 9월 7일에는 주류성까지 항복했다고 적어놓았다. 이때 백제 사람들은 "주류가 항복했다. 사태가 어찌할 수 없게 되었다. 백제의 이름은 오늘로 끊어졌다. 이제 조상의 무덤이 있는 곳을 어떻게 갈 수 있겠는가? 데례성(弖禮城)에 가서 일본 장군들과 만나 무엇을 어떻게 해야 할지 의논하자"고 했다 한다.

그리고 먼저 침복기성(枕服岐城: 시무부쿠기사시)에 가 있던 처와 자식들에게 나라를 떠나가려 한다는 소식을 알린 다음, 11일에 모테(牟弖: 무테)를 출발하여, 13일에 데례(弖禮)에 이르렀다. 24일에는 왜 수군 및 좌평 여자신(余自信), 달솔 목소귀자(木素貴子), 곡나진수(谷那晉首), 억례복류(憶禮福留)와 백제 백성[國民]들이 데례성에 이르렀다. 그리고 이튿날 왜로 떠났다.

이와 같은 흐름을 보면 신라와 당을 위기로 몰아가던 백제의 부흥 움직임이 갑작스럽게 무너진 셈이다. 왕위에 오른 부여풍이 구심점으로서 권위를 인정받지 못한 것이 원인이라 할 수 있다. 부여풍은 왕실의 항복을 인정하지 않는 집단이 주도해서 일으킨 백제 부흥운동에서, 부흥군 지도자들의 추대로 즉위한 셈이다. 또한 왜에 오래 머물고 있었기 때문에 국내 세력 기반이 취약했다.

이런저런 사정으로 부흥군 지도자에 비해 왕의 권위가 약했고, 그러다 보니 왕 부여풍이 구심점 역할을 하기가 어려웠다. 부여풍이 직접 왜 쪽에 원군을 요청하면서 복신과 갈등을 일으킨 사실을 언급하는 점을 보면 이 분석은 설득력을 얻을 수 있다. 이러한 사태의 원인은 의자왕에게로 거슬러 올라갈 수 있을 듯하다. 개로왕처럼 정식으로 인정받은 후계자를 지목해놓은 상태였다면 왕의 권위가 그렇게까지 약해지지는 않았을 것이기 때문이다. 660년 포로로 끌려갔던 의자왕은 결국 그해 당에서 병으로 죽었다.

『일본서기』에는 다음 해인 664년 3월, 왜 천황이 백제 왕인 선광왕(善光王: 禪廣으로도 표기한다) 등을 나니와에 살게 해주었다고 되어 있다. 그리고 5월 17일에는 유인원이 곽무종(郭務悰) 등을 보내 표함(表函: 상표문上表文을 넣은 함)과 헌물을 바쳤다고 한다. 이때 왜로 온 곽무종에 대해서는 10월 1일에 돌려보내도록 하라는 명이 내려져, 나카토미노우치마헤쓰키미(中臣內臣) 지자우(智祥)를 보내 곽무종 등에게 물건을 주었고 4일에 향응을 베풀었다. 곽무종 일행은 12월에 돌아갔다고 되어 있다.

다음 해인 665년, 왜에서는 백제 관위(官位)를 검토했다.

그리고 복신의 공을 감안하여 달솔 벼슬을 가지고 있던 귀실집사(鬼室集斯)에게 소금하(小錦下)라는 왜의 벼슬을 내렸다. 또 백제 남녀 400여 명을 오미쿠니(近江國)의 가무사키노코호리(神前郡)에 살게 해주었다. 그리고 다음 달에 이들에게 밭을 내려주었다고 한다.

8월에는 달솔 답발춘초(畓炑春初)를 나가토쿠니(長門國)로, 달솔 억례복류(億禮福留)·달솔 사비복부(四比福夫)를 쓰쿠시로 보내 오노(大野)와 기(椽) 두 성을 쌓게 했다. 그리고 탐라가 사신을 보내 조공을 바쳤다고 한다.

이후 당 고종이 부여융을 웅진도독(熊津都督)으로 삼아 귀국시켜주었다. 그 결과 665년 웅진성에서 부여융이 신라 왕과 함께 맹세를 하는 일도 있었으나, 이는 신라를 견제하려는 의도였을 뿐 백제라는 나라를 회복시켜주려는 것은 아니었다. 그래서 당의 유인원 등이 돌아갈 때 부여융 역시 따라갔다. 이후에도 당은 부여융을 '웅진도독(熊津都督) 대방군왕(帶方郡王)'으로 삼아 귀국시키려 했으나 부여융은 고국에 돌아가지 못하고 죽었다. 당의 측천무후(則天武后)가 그의 손자 경(敬)에게 백제 왕위를 잇게 했지만 허울뿐인 왕통은 곧 끊기고 말았다.

『일본서기』에는 666년 겨울, 도코쿠(東國)에 살게 해준 백제 남녀 2,000여 명에게 승려이건 세속 백성이건 구분하지 않고 663년부터 이때에 이르기까지 관청에서 식량을 공급해주었다 한다. 이후에도 백제가 왜에 조(調)를 바쳤다는 내용이 나타나기는 한다. 이는 왜로 건너온 백제인들을 말하는 것 같지만 해석은 분분하다. 탐라에서 조공을 바쳤다는 기록 역시 이따금 나타나지만 큰 의미는 없는 듯하다.

백제왕조실록 2 성왕~의자왕 편

펴낸날	초판 1쇄 2016년 5월 30일

지은이	이희진
펴낸이	심만수
펴낸곳	(주)살림출판사
출판등록	1989년 11월 1일 제9-210호

주소	경기도 파주시 광인사길 30
전화	031-955-1350 팩스 031-624-1356
홈페이지	http://www.sallimbooks.com
이메일	book@sallimbooks.com

ISBN	978-89-522-3402-5 04080

※ 값은 뒤표지에 있습니다.
※ 잘못 만들어진 책은 구입하신 서점에서 바꾸어 드립니다.

이 도서의 국립중앙도서관 출판시도서목록(CIP)은 서지정보유통지원시스템 홈페이지
(http://seoji.nl.go.kr)와 국가자료공동목록시스템(http://www.nl.go.kr/kolisnet)에서
이용하실 수 있습니다.(CIP제어번호: CIP2016011497)

085 책과 세계

강유원(철학자)

책이라는 텍스트는 본래 세계라는 맥락에서 생겨났다. 인류가 남긴 고전의 중요성은 바로 우리가 가 볼 수 없는 세계를 글자라는 매개를 통해서 우리에게 생생하게 전해 주는 것이다. 이 책은 역사라는 시간과 지상이라고 하는 공간 속에 나타났던 텍스트를 통해 고전에 담겨진 사회와 사상을 드러내려 한다.

056 중국의 고구려사 왜곡   eBook

최광식(고려대 한국사학과 교수)

중국의 고구려사 왜곡의 숨은 의도와 논리, 그리고 우리의 대응 방안을 다뤘다. 저자는 동북공정이 국가 차원에서 진행되는 정치적 프로젝트임을 치밀하게 증언한다. 경제적 목적과 영토 확장의 이해관계 등이 복잡하게 얽혀 있는 동북공정의 진정한 배경에 대한 설명, 고구려의 역사적 정체성에 대한 문제, 고구려사 왜곡에 대한 우리의 대처방법 등이 소개된다.

291 프랑스 혁명   eBook

서정복(충남대 사학과 교수)

프랑스 혁명은 시민혁명의 모델이자 근대 시민국가 탄생의 상징이지만, 그 실상을 아는 사람은 많지 않다. 프랑스 혁명이 바스티유 습격 이전에 이미 시작되었으며, 자유와 평등 그리고 공화정의 꽃을 피기 위해 너무 많은 피를 흘렸고, 혁명의 과정에서 해방과 공포가 엇갈리고 있었다는 등의 이야기를 통해 프랑스 혁명의 실상을 소개한다.

139 신용하 교수의 독도 이야기   eBook

신용하(백범학술원 원장)

사학계의 원로이자 독도 관련 연구의 대가인 신용하 교수가 일본의 독도 영토 편입문제를 걱정하며 일반 독자가 읽기 쉽게 쓴 책. 저자는 역사적으로나 국제법상으로 실효적 점유상으로나, 어느 측면에서 보아도 독도는 명백하게 우리 땅이라고 주장하며 여러 가지 역사적인 자료를 제시한다.

144 페르시아 문화

eBook

신규섭(한국외대 연구교수)

인류 최초 문명의 뿌리에서 뻗어 나와 아랍을 넘어 중국, 인도와 파키스탄, 심지어 그리스에까지 흔적을 남긴 페르시아 문화에 대한 개론서. 이 책은 오랫동안 베일에 가려 있던 페르시아 문명을 소개하여 이슬람에 대한 편견과 오해를 바로 잡는다. 이태백이 이란 계였다는 사실, 돈황과 서역, 이란의 현대 문화 등이 서술된다.

086 유럽왕실의 탄생

김현수(단국대 역사학과 교수)

인류에게 '예술과 문명' 그리고 '근대와 국가'라는 개념을 선사한 유럽왕실. 유럽왕실의 탄생배경과 그 정체성은 무엇인가? 이 책은 게르만의 한 종족인 프랑크족과 메로빙거 왕조, 프랑스의 카페 왕조, 독일의 작센 왕조, 잉글랜드의 웨섹스 왕조 등 수많은 왕조의 출현과 쇠퇴를 통해 유럽 역사의 변천을 소개한다.

016 이슬람 문화

이희수(한양대 문화인류학과 교수)

이슬람교와 무슬림의 삶, 테러와 팔레스타인 문제 등 이슬람 문화 전반을 다룬 책. 저자는 그들의 멋과 가치관을 흥미롭게 설명하면서 한편으로 오해와 편견에 사로잡혀 있던 시각의 일대 전환을 요구한다. 이슬람교와 기독교의 관계, 무슬림의 삶과 낭만, 이슬람 원리주의와 지하드의 실상, 팔레스타인 분할 과정 등의 내용이 소개된다.

100 여행 이야기

eBook

이진홍(한국외대 강사)

이 책은 여행의 본질 위를 '길거리의 철학자'처럼 편안하게 소요한다. 먼저 여행의 역사를 더듬어 봄으로써 여행이 어떻게 인류 역사의 형성과 같이해 왔는지를 생각하고, 다음으로 여행의 사회학적 · 심리학적 의미를 추적함으로써 여행에 어떤 의미를 부여할 것인가에 대해 말한다. 또한 우리의 내면과 여행의 관계 정의를 시도한다.

293 문화대혁명 중국 현대사의 트라우마   eBook

백승욱(중앙대 사회학과 교수)

중국의 문화대혁명은 한두 줄의 정부 공식 입장을 통해 정리될 수 없는 중대한 사건이다. 20세기 중국의 모든 모순은 사실 문화대혁명 시기에 집중되어 있다고 해도 과언이 아니다. 사회주의 시기의 국가 · 당 · 대중의 모순이라는 문제의 복판에서 문화대혁명을 다시 읽을 필요가 있는 지금, 이 책은 문화대혁명에 대한 안내자가 될 것이다.

174 정치의 원형을 찾아서   eBook

최자영(부산외국어대학교 HK교수)

인류가 걸어온 모든 정치체제들을 매우 짧은 기간 동안 시험하고 정비한 나라, 그리스. 이 책은 과두정, 민주정, 참주정 등 고대 그리스의 정치사를 추적하고, 정치가들의 파란만장한 일화 등을 소개하고 있다. 특히 이 책의 저자는 아테네인들이 추구했던 정치방법이 오늘 우리 사회가 당면한 문제를 해결할 수 있는 지혜의 발견에 도움을 줄 수 있을 것이라고 말한다.

420 위대한 도서관 건축순례   eBook

최정태(부산대학교 명예교수)

이 책은 도서관의 건축을 중심으로 다룬 일종의 기행문이다. 고대 도서관에서부터 21세기에 완공된 최첨단 도서관까지, 필자는 가능한 많은 도서관을 직접 찾아보려고 애썼다. 미처 방문하지 못한 도서관에 대해서는 문헌과 그림 등 가능한 많은 정보를 수집하려 노력했다. 필자의 단상들을 함께 읽는 동안 우리 사회에서 도서관이 차지하는 의미에 대해 다시 생각하게 된다.

421 아름다운 도서관 오디세이   eBook

최정태(부산대학교 명예교수)

이 책은 문헌정보학과에서 자료 조직을 공부하고 평생을 도서관에 몸담았던 한 도서관 애찬가의 고백이다. 필자는 퇴임 후 지금까지 도서관을 돌아다니면서 직접 보고 배운 것이 40여 년 동안 강단과 현장에서 보고 얻은 이야기보다 훨씬 많았다고 말한다. '세계 도서관 여행 가이드'라 불러도 손색없을 만큼 풍부하고 다채로운 내용이 이 한 권에 담겼다.

eBook 표시가 되어있는 도서는 전자책으로 구매가 가능합니다.

㈜살림출판사
www.sallimbooks.com
주소 경기도 파주시 문발동 522-1 | 전화 031-955-1350 | 팩스 031-955-1355